Henning Kullak-Ublick (Hg.)

Erziehung zur Freiheit – in Freiheit

Henning Kullak-Ublick (Hg.)

Erziehung zur Freiheit – in Freiheit

AKTION MÜNDIGE SCHULE

Flensburger Hefte Verlag

ISBN 3-926841-94-X

Titelabbildung: Veronika Emendörfer

Satz: Flensburger Hefte
Druck: Media Print – Druckhaus Möller GmbH,
Westerrönfeld bei Rendsburg

Inhalt

Vorwort des Herausgebers

Liebe Leserinnen und Leser!

Es ist Frühling im Jahr 2000. Auch dieses Buch handelt von Frühling und Aufbruch: Mit ihm möchte die AKTION MÜNDIGE SCHULE den freien Schulen in Schleswig-Holstein zu dem Mut, zu der Initiative und zu der Durchhaltekraft gratulieren, mit der sie seit 50 Jahren dazu beitragen, dass sich in Deutschland – allen politischen Polarisierungen des 20. Jahrhunderts zum Trotz – die Keime für eine Kultur der Freiheit bilden oder erhalten konnten.

Das war nicht selbstverständlich: Fünfmal wechselten in dem vergangenen Jahrhundert der Massenideologien die politischen Systeme in Deutschland, ohne dass die (sich stets mit dem Staat verwechselnden) Parteien ihren Anspruch auf die Kontrolle über das Bildungswesen aus der Hand zu geben bereit waren. Die jüngsten Bestrebungen, in Schleswig-Holstein zu einer größeren Schulautonomie zu kommen, dürfen hierbei als positives Signal gesehen werden. Doch gab es auch früher hellere Augenblicke der historischen Wachsamkeit: Vor 51 Jahren, nachdem Deutschland vor dem Trümmerhaufen seines kulturellen Sturzes in einen menschenverachtenden biologistischen Totalitarismus gestanden hatte, schrieben die Mütter und Väter unseres Grundgesetzes eine Errichtungsgarantie für alle Schulen in freier Trägerschaft in die Verfassung. Nie mehr sollte es ein staatliches Bildungsmonopol geben, weder auf Bundes-, noch auf Länderebene. Damit war immerhin ein schmaler Pfad gebahnt, auf den sich auch alsbald einige beherzte Menschen wagten, denen der Albtraum der geistigen Gleichschaltung so nachhaltig in die Knochen gefahren war, dass sie es als ihre vorrangigste Aufgabe ansahen, freie Schulen zu gründen – Schulen also, die ihre Legitimation aus dem lebendigen Interesse für ihre Pädagogik und nicht aus einem staatlich-bürokratischen Apparat erhielten.

Die älteste der damals in Schleswig-Holstein gegründeten Schulen feierte bereits im vergangenen Jahr ihr 50-jähriges Jubiläum: die Stiftung Louisenlund an der Schlei. Schon ein Jahr später (1950) gründete Hans-Georg Schweppenhäuser in Rendsburg eine Waldorfschule, die im Laufe der Jahrzehnte zur „Mutterschule“ von neun weiteren Waldorfschulen wurde. Das jüngste Kind in der Reihe der Jubilare ist die Schülerschule Schenefeld, die in diesem Jahr ihren 15-jährigen Geburtstag feiert und wieder eine ganz andere Farbe in die schleswig-holsteinische Schullandschaft hereinträgt. Wir möchten Ihnen, liebe Lehrerinnen und Lehrer, liebe Eltern, liebe Schülerinnen und Schüler, dazu sehr herzlich gratulieren!

Wir wünschen Ihnen, dass Sie sich lebendig weiterentwickeln können! Noch immer lässt sich der Staat die Freiheit von den nichtstaatlichen Schulen sehr teuer abkaufen. Wir müssen die Kultur einer bildungspolitischen Freiheit erst noch begründen – einer Freiheit allerdings, die wir nicht nur „privat" für uns in Anspruch nehmen (privare heißt rauben), sondern die zum Keim für die lebendige Entwicklung *aller* Schulen werden kann. Die Beiträge in dem vorliegenden Band gehen alle der Frage nach, wie sich die Schulen und wie sich das Verhältnis von Schule und Staat weiterentwickeln müssen, um diesen Keim zum Wachsen zu bringen.

Bei der Zusammenstellung des Buches haben wir versucht, noch immer bestehende, wenn auch glücklicherweise meistens schon recht brüchige, Grenzzäune zu übersteigen und den Blick auf die gemeinsamen Aufgaben zu richten. Wir wünschen Ihnen eine Lektüre, die Sie hoffentlich auf neue Ideen bringt und außerdem noch Spaß macht!

Henning Kullak-Ublick

5. April 2000

Zum Geleit

Grußwort der Ministerin für Bildung, Wissenschaft, Forschung und Kultur

Ute Erdsiek-Rave (SPD)

Wie soll eine Bildung und eine Erziehung aussehen, die es unseren Kindern ermöglicht, die Zukunft zu meistern? Das ist eine zentrale Frage in der derzeitigen bildungspolitischen Debatte. Häufig wird dabei allerdings Qualität mit mehr Geld gleichgesetzt. Sicher – ganz ohne Geld geht es nicht. Das Land Schleswig-Holstein investiert nicht ohne Grund in den kommenden fünf Jahren weitere 1.000 zusätzliche Planstellen in den Unterricht. Dennoch sollten die Inhalte nicht vergessen werden. Dazu gehört: Unterrichtsmethoden und Organisationsformen zu finden, mit denen sich die Qualität der schulischen Ausbildung verbessern lässt.

Das Institut für Zukunftsstudien und Technologiebewertung hat in der Studie „Zukunftsszenarien Schleswig-Holstein im Jahre 2010“ festgestellt, dass Vermehrung und Veralten von Wissen neue Wege erfordern: „Lehrinhalte müssen aktualisiert werden, der Stellenwert lebenslanger Weiterbildung und Umschulung steigt. Reines Fachwissen verliert an Bedeutung. Fähigkeiten wie systematische Verknüpfung unterschiedlichen Fachwissens, aber auch eigenständiges Handeln sind intensiver zu fördern. Erziehung zu Verantwortungsbewusstsein, Teamarbeit und Kommunikationsfähigkeit muss stärker im Vordergrund stehen.“ In Schleswig-Holstein sind wir dabei, diesen Ansprüchen gerecht zu werden und Schule den veränderten Anforderungen anzupassen.

Alle Anstrengungen dienen vor allem der Qualität und der Qualifizierung des Unterrichts. Zur Qualitätsverbesserung gehört nicht nur die Ausstattung mit Computern, sondern z.B. auch die Öffnung der Schule in ihr gesellschaftliches Umfeld oder die Entwicklung von Schulprogrammen als Instrument zur schulintern abgestimmten Weiterentwicklung der einzelnen Schule und zur Verbesserung der Unterrichts- und Erziehungsarbeit.

Der englische Schriftsteller Graham Wallas hat einmal festgestellt: „Freiheit ist Gelegenheit zu steter Initiative.“ In diesem Sinne möchte ich auf die Schule übertragen das Projekt Stärkung der Eigenverantwortung verstanden wissen. Selbständig handelnde und künftig für Staat, Wirtschaft und Gesellschaft verantwortliche junge Leute können am besten heranwachsen, wenn sie frühzeitig lernen, selbst Verantwortung zu übernehmen, und von Lehrkräften unterrichtet werden, die nicht in allen Details der „Obrigkeit“ verpflichtet sind. In Schleswig-Holstein haben wir diesen Prozess schon frühzeitig in die Wege geleitet und mit der Änderung des Schulgesetzes vorangetrieben. Aber auch in unseren neuen Lehrplänen sind mehr Freiräume enthalten, die die Lehrkräfte ermuntern sollen, im vom Staat gesetzten Rahmen mehr Verantwortung zu übernehmen.

Qualitätsverbesserung geht immer einher mit Qualitätskontrolle. Das gilt in doppeltem Sinne. Zum einen müssen Instrumente und Methoden gefunden werden, die den Schulen eine interne Evaluation ihrer Arbeit ermöglichen. So beteiligen sich 45 Schulen aller Schularten an dem Modellprojekt „Schulentwicklung im Netzwerk“ (SINET). Ziel dieser Zusammenarbeit ist es, sich über die Arbeit und die Evaluation von Schulprogrammen auszutauschen und in den Bereichen Unterrichtsqualität und -strukturen zu kooperieren. Im Sinne der externen Evaluation sind Leistungsvergleiche wertvoll. Deshalb wird im Frühjahr dieses Jahres an 97 Schulen dieses Landes der erste Teil der von der Kultusministerkonferenz beschlossenen PISA-Vergleichsuntersuchung stattfinden. Schleswig-Holstein stellt sich diesen Vergleichsuntersuchungen selbstbewusst. Ich erhoffe mir davon Hilfen für die Fortentwicklung des Systems Schule.

Bei alle dem ist ein Aspekt jedoch von besonderer Bedeutung. Die gemeinsame Verantwortung für die Qualität von Schule fordert den Dialog über Gruppen und Parteiinteressen hinweg. Das schließt den Dialog mit den Freien Waldorfschulen ein, die in ihrer 50-jährigen Geschichte in diesem Land zu einem wichtigen Bestandteil unserer Schullandschaft geworden sind. Nur wenn wir uns selbst immer wieder in Erinnerung rufen, dass niemand alleine den richtigen Weg benennen kann, sondern dass er im Dialog gefunden werden muss, werden wir in der Bildungspolitik Wege finden, mit denen wir unsere Aufgabe erfüllen können: die nachwachsende Generation so auszubilden und zu erziehen, dass sie in der Lage ist, die Gesellschaft verantwortlich zu gestalten, die Demokratie zu sichern und im stärker werdenden globalen Wettkampf dafür zu sorgen, dass die kulturellen und sozialen Werte nicht verloren gehen.

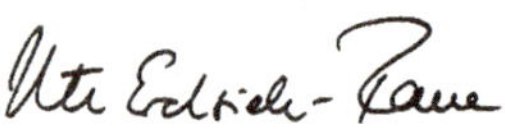

28. März 2000

Grußwort
von Irene Fröhlich (MdL, Bündnis 90/Die Grünen)

Liebe Freundinnen und Freunde,
so pflegen wir Grüne uns bei offiziellen Anlässen anzureden. Ich gestehe, nicht immer geht mir diese Anrede so leicht durch den Sinn und auf ein Blatt Papier wie in diesem Fall, da ich Ihnen allen meinen herzlichen Gruß und Respekt nach 50 Jahren Waldorfschulgeschichte – und 15 Jahren Schülerschule Schenefeld – sowie die besten Wünsche für die nächsten 50 Jahre aussprechen möchte.

Zum Thema Schule fällt mir häufig zu allererst die tiefe Verunsicherung ein, die mich besonders als junge Schülerin immer mal wieder angesichts unverständlicher Strukturen und Anforderungen und einer teils verwirrenden, teils bedrohlichen Menge fremder Kinder und Jugendlicher, in der ich scheinbar verloren war, überfiel.

In meinen pädagogischen und therapeutischen Ausbildungen und Tätigkeiten war ich oft genug damit konfrontiert, dass entscheidende Prägungen, Irritationen bis hin zu Fehlentwicklungen im Aufwachsen von Individuen auch in einem allgemeinbildenden öffentlichen Schulsystem zu suchen sind, das einen sehr einseitigen, technischen Leistungsbegriff zur Grundlage hat und in seinen Strukturen eher auf Anpassung, Unterordnung und Auslese setzt als auf Ermutigung, Entwicklung und Integration.

Als junge Mutter versuchte ich deswegen mit anderen zusammen die Traumschule für unsere Kinder zu entwickeln. Die Ideen und die Menschen waren beieinander, aber die finanziellen und gesetzlichen Bedingungen ließen uns resignieren.

Umso größer war und ist deswegen mein Respekt und meine Anerkennung für die Leistungen all der Menschen, Eltern, SchülerInnen und LehrerInnen, die es schafften, ein tragfähiges Netz von Waldorfschulen zu knüpfen.

Ich bin fasziniert von dem Geist der Liebe und der Aufmerksamkeit füreinander, wie ich sie gelegentlich bei Unterrichtsbesuchen erleben konnte, und beeindruckt von der Eigentümlichkeit und Sinnhaftigkeit der Schulhäuser, die tatsächlich Lern- und Lebensorte zu sein scheinen. Obwohl die materiellen und gesetzlichen Bedingungen immer noch nicht stimmen und die pädagogische Leistung nur unter großer persönlicher Einsatzbereitschaft aller Verantwortlichen erbracht werden kann, habe ich mit WaldorflehrerInnen und Eltern die spannendsten bildungspolitischen Debatten führen können. Hierzu hat nicht zuletzt die AKTION MÜNDIGE SCHULE einen guten Teil beigetragen.

Gerne werde ich weiter für die Verbesserung der Rahmenbedingungen streiten, damit die Waldorfschulen ihre Stimme noch kräftiger im Wettstreit der Bildungskonzepte zugunsten von heranwachsenden Individuen in einer offenen Gesellschaft einbringen können.

Mit freundlichen Grüßen

Irene Fröhlich

28. März 2000

Taugt die Schule des 20. Jahrhunderts noch für das 21. Jahrhundert?

Peter Struck*

Pinguine haben auch „Schulen", aber noch nie hat man gehört, dass es Streit über ihre Erziehung gibt, obwohl sie von jungen, noch nicht lebenserfahrenen Tieren, die gerade nicht am Brutgeschäft beteiligt sind, geführt werden.

Über menschliche Schulen gibt es zur Zeit sehr viel Streit, vor allem in Deutschland. Ihre Schüler sind schwierig, denn sie haben sich in den letzten Jahrzehnten deutlich verändert, weil die herkömmliche Arbeitsteilung zwischen der Familie, die erzieht, und der Schule, die bildet, nicht mehr so gut funktioniert, jedenfalls bei der Mehrzahl der Kinder.

Bildungspolitische Turbulenzen

Obwohl Schulen in Deutschland allerorten anders strukturiert sind, ist dennoch nirgendwo jedermann zufrieden: 43 % der deutschen Schüler kritisieren ihre Lehrer. 85 % der brandenburgischen Lehrer sind nach einer Studie der Universität Potsdam angeblich psychisch krank. Eltern erwarten von Schulen höchst Gegensätzliches und flüchten zugleich massenhaft vom staatlichen Schulwesen in Richtung Privatschulen. Die Handwerkskammern beklagen in halbjährlichen Pressekonferenzen die schwachen Lese-, Schreib- und Rechenkünste der Schulabgänger. Die Großindustrie vermisst bei ihren Bewerbern Schlüsselqualifikationen wie Selbständigkeit, Teamfähigkeit, Erkundungskompetenz und Konfliktfähigkeit. Der Bundesbildungsminister mahnt bei den Schulen mehr Kreativität und Innovationskraft, die Reduktion der Stoffvermittlung und Beihilfe beim Umbau von der Industriegesellschaft in eine Wissensgesellschaft an. Bildungsforscher wollen die autonome Schule statt der bürokratisch von Ministerien gesteuerten. Die Lehrerverbände bedauern ihre ausgebrannten Mitglieder, die mit zu hoher Wochenstundenverpflichtung zu große Klassen unterrichten. Schließlich beklagen die Lehrer selbst sich darüber, dass sie unzulänglich

---

* **Prof. Dr. Peter Struck** ist Erziehungswissenschaftler an der Universität Hamburg. Zahlreiche Veröffentlichungen. Im Carl Hanser Verlag, München, ist sein Buch „Erziehung von gestern, Schüler von heute, Schule von morgen" erschienen.

aus- und fortgebildet sind und dass sie einen zeitgemäßen Unterricht wegen des Mangels an Computern in den Klassenräumen nicht bewerkstelligen können. Und selbst die politischen Parteien und sogar der Bundespräsident verweisen immer häufiger auf den Wissenschafts- und Wirtschaftsstandort Deutschland, der international nicht mehr wettbewerbsfähig bleiben kann, wenn sich nicht seine Schulen deutlich verändern.

Schule wird also zur Zeit von allen unter die Lupe genommen, selbst von Boston aus, in dem eine Kommission unter Mithilfe des Max-Planck-Instituts für Bildungsforschung in Berlin diagnostiziert hat, dass die deutschen Mittelstufen- und Oberstufenschüler in Mathematik und in den Naturwissenschaften unter vergleichbaren Staaten nur noch unteres Mittelmaß sind.

Neuerdings gibt es sogar Schüler, die wie die in Hamburg auf die Straße gehen und fordern: „Wir wollen mehr lernen", nachdem man bis vor kurzem noch dachte, Kinder und Jugendliche würden sich über jede ausgefallene Schulstunde nur freuen. Die Lehrer können dem Betrachter dieser bildungspolitischen Turbulenzen, die täglich neu von der Finanznot des Staates und seinen stringenten Sparmaßnahmen genährt werden, eigentlich nur leid tun. Sie sitzen zwischen allen Stühlen, nämlich zwischen ihrer früheren Ausbildung für Kinder, die es heute gar nicht mehr gibt, ihrem eigenen Älterwerden („Vergreisung der Lehrerkollegien") und ihrem Ausgebranntsein („Burn-out-Syndrom"), ihrer unzeitgemäßen Arbeitsplatzgestaltung und den veralteten Lehrplänen, der Fülle von höchst unterschiedlichen Eltern-, Schüler- und Politikererwartungen nebst Arbeitszeit- und Frequenzerhöhungen sowie Kürzungen von Mitteln für Gebäude und Unterrichtsmaterialien.

Gerade die Geschichte der deutschen Pädagogik bietet eine Fülle von begnadeten Lehrern, von konzeptionellen und methodischen Highlights und von wunderbaren Erfolgen gegenüber einzelnen Schülerbiographien. Aber dennoch erinnert die aktuelle Lehrersituation gelegentlich an einen Schiffbrüchigen, der in tosender See auf einem Floß sitzt und mit Hilfe einer leeren Apfelsinenkiste um ihn herum schwimmenden Delphinen beizubringen versucht, wie ein Computer funktioniert.

Ist Schule noch beweglich genug?

Mit dem Wandel der bisherigen Industriegesellschaft zu einer Wissens-, Dienstleistungs-, Erlebnis-, Freizeit- und Produktionsgesellschaft im 21.

Jahrhundert, mit der Globalisierung von Wirtschaftsräumen, von politischen Entscheidungen und von wissenschaftlichen Entwicklungen, vor allem aber mit der totalen weltweiten Medienvernetzung ist zu fragen, ob Schulen und Lehrer noch beweglich genug sind, ob eine planwirtschaftlich gesteuerte, staatlich verwaltete und zentral organisierte Schule mit anhand von Prüfungsordnungen ausgebildeten Lehrern und mit ideologische Akzentuierungen begünstigenden Strukturen, in denen Eltern nur begrenzt mitentscheiden dürfen und in denen Schüler mehr belehrt werden, als selbst lernen zu können, in denen Lehrer mehr verbeamtete Stundengeber als mit jungen Menschen zusammenlebende Lernberater sind, noch für eine Zukunft taugt, auf die hin aufgeklärte Menschen uns rüsten wollen.

Muss Schule nicht ein moderner „Dienstleistungsbereich für pädagogische Arbeit“ werden, wie der Bielefelder Bildungsforscher Klaus Hurrelmann verlangt? Muss sie ihre herkömmliche weisungsorientierte Verwaltungshierarchie, die den jeweiligen Machthabern im Rahmen von „Kulturhoheit“ Zugriff, Kontrolle und auch die Freiheiten einer persönlichen Spielwiese garantiert, nicht ablösen durch autonomere Gestaltungsmechanismen, die eine lebendige Organisation und ein für Lernen produktives Schulleben erlauben?

Das Schulwesen in Deutschland ist eine gigantische Unternehmung; von den rund 80 Millionen Einwohnern besuchen etwa zehn Millionen als Schüler allgemeinbildende Schulen, in denen sie von ungefähr 650.000 Lehrern in eigens dazu gebauten Schulen unterrichtet werden. Das kostet sehr viel Geld, und entsprechend umfangreich ist die Literatur, die sich mit Schule befasst. Im Grunde ist alles, was es in der Pädagogik zu sagen gibt, schon gesagt worden. Sinnvoll sind weitere Bücher zu pädagogischen Fragen nur, wenn darin neue Sichtweisen alter Fragestellungen zu anderen Antworten als den schon bekannten führen.

Wir Deutschen sind ängstlicher als andere Völker, wenn es um Neuerungen geht; ein Gespräch über die Schulpflicht oder über Sinn und Unsinn der Ziffernzensuren macht sofort Angst und führt zu Feindseligkeiten. In Gesprächen mit Pädagogen aus unseren Nachbarstaaten Niederlande und Dänemark ist immer wieder zu hören, wie wir – aus deren Sicht – eine eigenartig sinnlose Neigung haben, auch die Schule und, was mit ihr zusammenhängt, „in den Griff“ zu bekommen; und sie fügen hinzu, dass Schulen nichts seien, was man „in den Griff“ bekommen könne.

16 verschiedene Schulsysteme

Nur wer allwöchentlich einmal am Schulsorgentelefon sitzt, hat eine Vorstellung davon, wie unterschiedlich Schulen in Deutschland sind, und zwar weniger in Bezug auf gut und schlecht, sondern vielmehr in Bezug auf anders. Da wird zwar oft gesagt, es gäbe ein Süd-Nord-Leistungsgefälle, verschwiegen wird jedoch in der Regel, dass Schüler und Eltern in Sachsen, Bayern und Baden-Württemberg durchweg einen erheblichen größeren Leidensdruck auszuhalten haben als Schüler in Schleswig-Holstein, Hamburg und Bremen. In Süddeutschland wird zwar mehr Wissen vermittelt, aber in Norddeutschland ist die Schulzufriedenheit etwas größer und das soziale Lernen spielt eine bedeutsamere Rolle.

Das Grundgesetz garantiert den 16 Bundesländern mit dem Begriff Kulturhoheit, dass sie in Sachen Schule jeweils ihre eigenen Vorstellungen umsetzen können. 16 Bundesländer haben daher 16 verschiedene Schulsysteme. Positiv ist daran, dass sie regionale Antworten auf nachbarschaftliche Besonderheiten berücksichtigen dürfen, so dass Französisch als Erste Fremdsprache im Saarland und in Rheinland-Pfalz eine größere Bedeutung hat als Englisch, dass Dänisch und Friesisch in Schleswig-Holstein, Niederdeutsch und Romanes (die Sprache der deutschen Sinti und Roma) in Hamburg und Sorbisch in Sachsen angeboten werden, dass sich Brandenburg, das ja um Berlin herum liegt, ebenso wie die Hauptstadt für die sechsjährige Grundschule entschieden hat und dass Thüringen und Sachsen so, wie es in der DDR war, das Abitur nach Klasse 12 bescheinigen. Negativ ist aber, dass die Kulturhoheit auch der parteipolitischen Ideologisierung Tür und Tor öffnet, dass Schulsystemgestaltung zur Waffe gegen jeweils andere Regierungskonstellationen herhalten muss und gelegentlich auch zur Spielwiese für Kultusminister und Schulsenatoren verkommen ist.

„Die reaktionärste Einrichtung der Bundesrepublik ..."

Die Ständige Konferenz der Kultusminister (KMK) unterliegt jedoch einem gewissen Einigungszwang, wenn es um die Anerkennung von Abschlüssen, um den Umzug von Familien innerhalb Deutschlands, um Kernfächer bis zum Abitur und um Mindeststundenzahlen für diese Kernfächer auf dem Weg in die Hochschulen geht, ganz zu schweigen von einem durch die Europäische Union ausgeübten Umsetzungsdruck, wenn es beispielsweise um die Erweiterung des Fremdsprachenunterrichts geht. So ist

1998 in Brüssel beschlossen worden, künftig mit der Ersten Fremdsprache zumindest in der l. Klasse zu beginnen.

Die Kultusministerkonferenz kompensiert also das Fehlen eines Bundesschulministers, sie übt seine koordinierende Funktion aus, und das konnte sie leichter, als nur elf Bundesländer zu ihr gehörten. Mit 16 Bundesländern musste sie zwangsläufig immobiler werden, so dass sie von einigen Zeitgenossen geradezu als Bremsklotz für die Modernisierung des deutschen Schulwesens empfunden wird. Es kommt noch folgendes hinzu: Bürokratie und Innovation sind zwei gegenläufig wirkende Prinzipien; die staatliche Verwaltung von Schulen bremst ihre zeitgemäße Anpassung, denn Verwaltung impliziert Abstimmungsprozesse, die Langsamkeit zum Wesensmerkmal geraten lassen.

Kein Wunder ist also, dass im April 1997 der damalige Bundeskanzler Helmut Kohl sagen konnte: „Die reaktionärste Einrichtung der Bundesrepublik ist die Kultusministerkonferenz; im Vergleich dazu ist der Vatikan noch weltoffen." Und als die Kultusministerkonferenz im Februar 1998 ihren 50. Geburtstag feierte, kamen von der ganz anderen Seite ebenfalls hämische Glückwünsche. Die Gewerkschaft Erziehung und Wissenschaft (GEW) schickte eine Grußadresse mit folgendem Text: „Wir gratulieren im Namen von 50.000 Straßenkindern, 250.000 Sitzenbleibern, 76.000 Jugendlichen ohne Schulabschluss und 523.000 arbeitslosen Jugendlichen unter 25 Jahren."

Dennoch gilt: Das 20. Jahrhundert war das bislang erfolgreichste in Sachen Schulreformen, Lehrerpersönlichkeiten und Schulversuchen. Die beiden Motoren Jugendbewegung zu Beginn des Jahrhunderts und 68er-Bewegung haben für eine starke Grundschule, für Gesamtschulangebote, für Schullandheime, für eine akademische Lehrerbildung, für eine deutlich aufgebesserte Lehrerbesoldung, für Fächer wie Sport, Musik, Kunst, Biologie, Physik, Chemie, Informatik und Politik bzw. Gemeinschaftskunde, für Werkräume, Küchen und naturwissenschaftliche Experimentierräume, für Gesamt-, Epochen- und Projektunterricht, für offenen Unterricht und die Integration von Behinderten, für Betriebspraktika und für eine Erweiterung des alternativen Schulangebots mit Landerziehungsheimen, Waldorfschulen, Freien Schulen, Montessorischulen, Produktionsschulen, Schulen mit doppelqualifizierendem Bildungsgang und vielem anderen mehr gesorgt.

Etliches, was personen- oder zeitabhängig erfolgreich war, ist wieder verschwunden (z.B. der Gesamtunterricht), anderes ist rückläufig, und wieder anderes lebt aktuell erneut auf wie die Einrichtung von „Jahrgangsübergreifenden Klassen“ nach dem Vorbild von Peter Petersens Jenaplanschulen. Insgesamt muss am Ende des 20. Jahrhunderts resümiert werden: Schule zeigt über alle Zeiten hinweg eine starke Tendenz zurück in Richtung Buch-, Tafel- und Belehrungsschule, in der Fächer in Stundentakten unterrichtet werden und in denen Schüler vor allem zuhörend oder sich langweilend sitzen, in denen Wissen überwiegend verbal nach dem Vorbild des „Nürnberger Trichters“ vermittelt, später wieder abgefragt und dann per Noten bewertet wird. Und Lehrer, die, wenn der Schulrat kommt, ausgesprochen kreativ und engagiert zu sein vermögen, die durchaus zu einem methodischen Feuerwerk voller Handlungsorientierung und Spannung fähig sind, neigen in großer Zahl zumindest nach Jahren ihrer Berufstätigkeit immer wieder zur Routine, zur Minimalisierung von Aufwand und Lerninvestition. Erfolgreiche Reformen sind eben immer personengebunden und zeitlich begrenzt erfolgreich, sie lassen sich nicht ohne weiteres auf sämtliche Lehrer und auf Jahrzehnte übertragen, wenn es an Kraft, Lust und auch an Geld fehlt.

Die Nöte sind groß

So ist für die gesamte Schulgeschichte typisch, dass es in relativ kurzen Abständen immer wieder eines Ruckes oder eines Trittes bedarf, damit es so etwas wie einen Innovations- oder auch nur einen Engagementschub gibt. Nach Kriegen und in Armutsphasen und in gebeutelten Regionen und Nachbarschaften lässt sich so etwas beobachten. Leider muss stets erst die Not besonders groß werden, wie der Schweizer Zukunftsforscher Gottlieb Guntern feststellt, damit sich flächendeckend einiges in Schulen vorübergehend verbessert, damit schon jetzt vor Ort bewährte moderne Unterrichtsweisen „serienreif“ werden, wie Dieter Wunder sagt, also auf eine größere Anzahl von Schulen und Lehrern übertragbar werden.

Im Moment scheint wieder so ein notvoller Zeitpunkt erreicht zu sein:

- Unsere Schulen gelten als unzeitgemäß, Reformen sind dringend erforderlich, aber viele Lehrer sind reformmüde.
- Schulgebäude, massenhaft in den 50er und 60er Jahren gebaut, sind oft marode, sie zeigen das, was die Verwaltungsbeamten einen „Renovierungsstau“ nennen.
- Lehrer sind im Schnitt so alt wie schon lange nicht mehr, sie sind ausgebrannt und durch schwierige Kinder überfordert. Nach Auskunft des

bayerischen Schulpsychologen Hermann Meidinger sind 80 % aller Pädagogen heute vom „Burn-out-Syndrom“ (Stress, Verunsicherung, Schweißausbrüche, Zittern, Schlaflosigkeit, Ängste) betroffen. Sie haben kaum Selbstvertrauen, sind überempfindlich und glauben, von den Schülern für „böse“ gehalten zu werden.

- Bei vielen Schülern ist der familiäre Versorgungs- und Erziehungsanteil zusammengebrochen, sie werden als verhaltensgestört, lernschwierig, gewalttätig, süchtig oder krank beschrieben.
- Dem Staat mangelt es an Geld für Lehrerstellen, sinnvolle Lerngruppengrößen, Schulbau sowie Lehr- und Lernmittelausstattung.
- Die Abnehmer von Schule, also die Betriebe und Hochschulen, klagen über unzureichende Fähigkeiten und Fertigkeiten der jungen Menschen, so dass einige Universitätsrektoren bereits eine Aufnahmeprüfung als „Abitur plus“ verlangen.
- Politiker sehen den Wissenschafts- und Wirtschaftsstandort Deutschland im internationalen Wettbewerb gefährdet.
- Eltern schimpfen auf Kultusminister, Schulen und Lehrer, weil sie meinen, ihre Kinder würden zu wenig oder das Falsche lernen und würden in ihren Besonderheiten nicht genügend gefördert oder ungerecht beurteilt. Einige wollen inzwischen sogar vor Gericht einklagen, dass ihnen Steuergeld wegen entgangenen Unterrichts zurückgezahlt wird.
- Schüler schimpfen über unengagierte Lehrer, über veraltete Schulbücher und über langweiligen, weltfremden Unterricht und neuerdings auch mit dem Slogan „Wir wollen mehr lernen“ über Unterrichtsausfall.
- Immer mehr Lehrer klagen über Angriffe von Schülern, aber auch über Intrigen von Kollegen. Mittlerweile gibt es sogar schon eine „Bundesarbeitsgemeinschaft Lehrer gegen Mobbing“ (BLM).
- Zugleich klagen immer häufiger Schüler über „pöbelnde Pauker“, von denen sie beleidigt oder niedergemacht, ausgegrenzt oder diskriminiert werden.
- Unterrichtsausfall ist zu einer der bedeutendsten Dimensionen von Schule geworden. Die Eltern könnten gar nicht so schnell mitrechnen, wie der Mangel verwaltet wird, beklagt eine Hamburger Mutter; und eine Elternvertretung des Hamburger Gymnasiums Lerchenfeld erhält in der Schulbehörde die Antwort: „Der Lehrerbedarf orientiert sich an der Haushaltslage“, also nicht an den Schülerzahlen.
- Sparen ist zur wichtigsten Gestaltungsdimension des aktuellen deutschen Schulwesens geworden. Natürlich hätten die Kultusminister gern

mehr Geld für Lehrerstellen, für kleinere Klassen, für Schulbau, Sachmittel und Computerausstattung, aber sie bekommen es nicht von ihren Kabinetten und Parlamenten, auch weil der Bürger als Wähler so etwas nicht massiv fordert. Bei Umfragen vor Wahlen rangieren die Themen Schule und Jugend stets nur auf abgeschlagenen Plätzen hinter Sicherheit, Wohnen, Straßenverkehr, Arbeit und Kriminalität, obwohl gleichzeitig eine Umfrage der Elternvertreter Hamburger Schulen im Jahre 1998 ergeben hat, dass 85 % der Hamburger Bürger der Meinung sind, dass im Bildungsbereich auf keinen Fall gespart werden dürfe. Nach Einschätzung des Bundesbildungsministeriums wird die Schülerzahl in Deutschland in den nächsten Jahren um etwa eine Million zunehmen. Aber vielleicht ist die Not ja noch nicht groß genug, damit endlich etwas passiert!

- Die Schülerzahlen steigen bundesweit (1998 gab es 175.000 Schüler mehr als 1997) aber zugleich werden Lehrerplanstellen gestrichen; die GEW hat ein Defizit von 45.000 Planstellen berechnet; 1998 sind aber nur 15.500 neue Lehrer eingestellt worden, während gleichzeitig 40.000 Junglehrer arbeitslos blieben.

Eine Fülle von Anforderungen

An allen Enden von Schule zugleich müsste nämlich etwas geschehen:

- Schüler brauchen heute ganz anderes Gestühl (beweglich, verstellbar, sechs verschiedene Stuhlgrößen), da beispielsweise 14-Jährige in ihrer Körperlänge innerhalb einer durchschnittlichen Klasse um bis zu 60 cm differieren.
- Wir brauchen eine völlig andere Lehrerbildung, damit auch andere Menschen mit anderen Kompetenzen in den Lehrerberuf kommen.
- Wir brauchen den Umbau der Schulen von Belehrungsanstalten zu Lernwerkstätten, damit Kinder mehr lernen.
- Wir brauchen den Wandel des Lehrers vom Stundengeber zum Lernberater.
- Schüler müssen leistungsfähiger werden, aber auch anderes leisten können als bisher;
- sie müssen selbständig, teamfähig, konfliktfähig, erkundungskompetent, handlungsfähig und kreativ werden und vernetzt, also in Zusammenhängen denken können.
- Lehrer sollten als Lernberater etwas von Erziehung, Bewegung, Spiel, Gewalt- und Suchtprävention, von Hirnforschung und Lernpsychologie

sowie von Teilleistungsstörungen verstehen, sie müssen integrieren und individuell kompensieren können.

- Schulen brauchen eine andere Fehlerkultur, denn Kinder lernen am besten, wenn sie beim Lernen Fehler machen dürfen, wenn sie zu zweit ein Problem zu lösen haben, wenn sie anderen etwas erklären dürfen und wenn sie beim Handeln lernen können.
- Grundschulen brauchen mehr männliche Lehrer, Klassen brauchen zwei Klassenlehrer und zwei Räume.
- Lehrer müssen durch Computer, Internet und über eine geeignete Lernsoftware freigesetzt werden für sozialpädagogische Zuwendung und für Elternarbeit.
- Eltern und Schüler sollten an der Schulgestaltung beteiligt werden, sie müssen in autonomeren Schulen mehr Mitsprache haben.
- Schulen brauchen mehr Lehrer, Schulassistenten, Sozialpädagogen, Familienhelfer, Präventionslehrer, Sonderpädagogen, Schulpsychologen, Beratungslehrer, Lehrbeauftragte und ABM-Kräfte.
- Fächer müssen zu Lernbereichen gebündelt werden; 45-Minuten-Takte sollten durch flexible Lern- und Entspannungsphasen abgelöst werden; Klassenlehrer sind ergiebiger als Fachlehrer.
- Das dreigliedrige Schulsystem mit Hauptschule, Realschule und Gymnasium ist nicht mehr zeitgemäß, es muss im Kern durch ein zweigliedriges, das entweder früher in die Berufsausbildung mündet (Sekundärschule) oder später zur Hochschulreife führt (Gymnasium), abgelöst werden und zugleich durch ein vielgliedrig profiliertes System ersetzt werden, weil zur Vielfalt unserer pluralistischen demokratischen Gesellschaft eine Vielzahl von höchst unterschiedlichen, aber gleichwertigen Bildungsgängen passt. Dazu gehören z.B. Musikschulen, Sportgymnasien, Technische Gymnasien, Computerschulen, altsprachliche, neusprachliche, naturwissenschaftliche, doppelqualifizierende und internationale Schulen, Schulen mit erweitertem Fremdsprachenunterricht (Z- oder E-Klassen), mit Express-Abi-Klassen (Berlin) oder D-Zug-Klassen (Hessen, Rheinland-Pfalz, Baden-Württemberg), mit Montessori-, Freinet- oder Waldorfpädagogik, Konfessionsschulen, Produktionsschulen und Schulen mit einer Profil-Oberstufe.

Die Gesellschaft im Umbruch

Deutschland und Europa unterliegen zur Zeit einem raschen Strukturwandel. Viele Unternehmen melden sich schon mit der Aussage zu Wort, dass sie trotz hoher Arbeitslosigkeit und auch Jugendarbeitslosigkeit nicht mehr in der Lage sind, ihre offenen Stellen zu besetzen, weil die Menschen von der Schule her nicht die erforderlichen Qualifikationen mitbringen, und dabei werden vor allem Defizite in Bezug auf die Fähigkeit zur selbständigen Informationsbeschaffung, auf Kreativität, Konfliktfähigkeit sowie auf die Fähigkeit zum vernetzenden Denken beklagt.

Wir müssen mit einer zeitgemäßen Schule den Seiltanz hinbekommen, den Schülern ein Fundamentum an Grundwissen zur Verfügung zu stellen und in ihnen darüber hinaus die Kompetenz zu entwickeln, sich jeweils nötige Informationen selbst in Kürze zu beschaffen; sie sollten zwar noch wissen, wie die Hauptstädte von Italien und Ägypten heißen, aber wie die Hauptstädte von Sierra Leone oder Burkina Faso heißen, müssen sie nicht mehr unbedingt in der Schule lernen, denn dieses Wissen benötigen sie null- bis einmal in ihrem gesamten Leben, und dafür reicht die Fähigkeit, das in Sekundenschnelle zu ermitteln, wenn es erforderlich wird.

Schule hat die Aufgabe, die Welt im Kopf und im Herzen des Kindes zu ordnen und das Kind für die Welt lebenstüchtig zu machen. Und wenn das so ist, dann muss sie dem Kind in der heutigen und künftigen Welt Reden, Lesen, Schreiben, Rechnen, Fremdsprachenkompetenzen und einige naturwissenschaftliche, historische und geographische Kenntnisse beibringen. Darüber hinaus muss sie das Kind politisch bilden, es sozialfähig machen und in ihm Medienkompetenz aufbauen, weil die Fähigkeit, sich kundig in der Arbeitswelt orientieren und kritisch in der Medienwelt behaupten zu können, mittlerweile bedeutsamer geworden ist, als Redoxgleichungen zu beherrschen und die linken und rechten Nebenflüsse der Donau hersagen zu können. „Je virtueller die Welt wird, desto mehr Werturteile müssen gefällt werden", sagt Rüttgers dazu.

In Deutschland gibt es zur Zeit etwa 360 Berufsbilder, aber 50 % aller Schulabgänger drängen in nur 15 Ausbildungsberufe, weil ihnen die anderen unbekannt sind. Allein im August 1998 sind elf neue Ausbildungsberufe entstanden, die fast kein Schüler kennt, so der Kaufmann für audiovisuelle Medien oder die Fachkraft für Veranstaltungstechnik. In den nächsten Jahren werden etwa 1,5 Millionen neue Arbeitsplätze in den Berufsfeldern Multimedia, Umwelt, Biotechnik und wissensorientierte Dienstleistungen entstehen. Bereitet die Schule auf diesen Umbruch zu Beginn des neuen Jahrhunderts, den manche als den Übergang von der bisherigen Industriegesellschaft zur künftigen Informations-, Dienstleistungs-, Erlebnis-, Freizeit- und Produktionsgesellschaft bezeichnen, ausreichend vor?

Immer weniger Menschen werden immer mehr produzieren. Wenn nicht wachsende Arbeitslosenzahlen die Folge sein sollen, müssen junge Menschen schon früh in die Lage versetzt werden, sich selbst eine Nische in der künftigen Gesellschaft bauen zu können, in der sie gebraucht werden, in der sie ihren Lebensunterhalt verdienen können und in der sie ihre Erfüllung finden.

Wir brauchen also eine ganz neue Vision von Schule und eine völlig neue Arbeitsplatzbeschreibung für Lehrer. Denn es ist ein Unding, dass deutsche Eltern zur Zeit 30 Mio. Mark pro Woche für Nachhilfeunterricht aufwenden, das sind im Schnitt 50 Mark pro Haushalt und fast 2 Mrd. Mark pro Jahr. Nachhilfelehrer leisten etwas, was die Lehrer an den Schulen nicht zustande gebracht haben, sie stehen also indirekt für das Versagen der deutschen Schule, wiewohl man gleichzeitig einschränkend zugeben muss, dass viele Jungen und Mädchen nur deshalb Nachhilfe bekommen, weil so etwas mittlerweile als schick gilt, weil es vor den Augen der Nachbarn und Verwandten auch kund tut, dass man bereit ist, in die Karriere seines Kindes zu investieren, denn so manch ein von seinen Eltern in seine Zukunft hinein verplanter Nachhilfeschüler brauchte gar keinen Nachhilfeunterricht, jedenfalls nicht, wenn er in Mathe von einer „l“ auf eine „2“ abgesackt ist.

Ist die Schule am Ende?

Aufsehen hat der New Yorker Pädagoge Lewis J. Perelman mit seinem Buch „School's out“ erregt. Er behauptet schlichtweg, Schule wäre eine wichtige Institution in einer relativ kurzen Phase der Entwicklung der Menschheit gewesen, und nun sei ihre Zeit vorbei, weil Kinder entweder ohnehin außerhalb der Schule mehr lernen als in der Schule oder weil sie weder in der Schule noch außerhalb genügend lernen würden bzw. weil die negativen Einflüsse von misslicher Jugendkultszenerie in der Schule sowie von Bildschirmeinflüssen zusammen das herkömmliche schulische Lernen allzu stark beeinträchtigen würden.

Perelman schließt mit seinem Auswegsvorschlag irgendwie an Johann Heinrich Pestalozzis Ideal vom Lernen im Wohnzimmer an, wenn er sich für Tele-Lernen und Homeschooling einsetzt. So wie Pestalozzi mit seinem Buch „Wie Gertrud ihre Kinder lehrt“ dafür plädiert, dass Mama in die Lage versetzt wird, ihren Kleinen zu Hause Lesen, Schreiben, Rechnen und Weben beizubringen, schlägt Perelman vor, dass die Schüler daheim am

Computer lernen und dabei mit einem irgendwo anders sitzenden Lehrer verkabelt sind.

Und schon jetzt werden in den USA mehr als eine Million Kinder von ihren Eltern zu Hause unterrichtet. Diese Eltern misstrauen den Public Schools, haben aber auch nicht das Geld für die teuren Privatschulen; für sie ist in der Tat die Zeit von Schule irgendwie vorbei. Sie befürchten, dass ihr Kind Opfer von innerschulischer Gewalt werden könnte, sie trauen den Lehrern nicht zu, genügend Lernfortschritte bei ihren Kindern zustande zu bringen, und sie glauben, dass sie so etwas wie Werteerziehung selbst besser hinbekommen als Lehrer. 61 % dieser Eltern sind mit den Lernleistungen der öffentlichen Schulen unzufrieden, und 39 % unterrichten ihre Kinder lieber selbst, weil sie ihre Sprösslinge nicht den schulischen Gewalt-, Sex-, Drogen- und Stressfaktoren aussetzen mögen.

Das Entziehen von der Schulpflicht ist in allen US-Staaten legal, wenn die Eltern nachweisen können, dass sie die Unterweisungen auch selbst zu leisten vermögen. Eine Studie hat ergeben, dass Homeschooling-Schüler im Lesen insgesamt besser waren als 79 % der staatlichen Schüler und in Mathematik und Fremdsprachen als 73 % der Public-School-Kids.

Mit der Zunahme des gesellschaftlichen Arbeitsteilungs- und Qualifizierungsbedarfs wurden einst die ersten Schulen gegründet. Sie entstanden für dasjenige, was Eltern nicht hinlänglich konnten, und das waren am unteren Ende Lesen, Schreiben und Rechnen und am oberen Ende Hebräisch, Altgriechisch, Latein, Astronomie, Arithmetik, Geometrie usw. Heute können die meisten Eltern Lesen, Schreiben und Rechnen, und viele verstehen auch genügend von Fremdsprachen, Naturwissenschaften, Geographie und Geschichte. Müsste Schule heute immer noch das tun, was Eltern nicht gut können, dann müsste sie vor allem erziehen.

In Wirklichkeit ist das Ende der Schule heute an vielen Enden ihrer herkömmlichen Funktionen erreicht:

- Etwa vier Millionen Menschen in Deutschland können trotz Schulbesuchs weder Lesen noch Schreiben.
- Nach Auskunft der Mainzer Klinik für Kommunikationsstörungen ist bereits jedes vierte Kind im Vorschulalter sprachgestört, also in Bezug auf seine Sprachentwicklung weit hinter seinen Altersgenossen zurück.
- Die weltweite Tims-Studie des Boston-Colleges bescheinigt den deutschen Schulen, dass sie bezogen auf Mathematik-Leistungen von Achtklässlern nur einen unteren Mittelplatz erreichen, die Zwölftklässler belegen in Höherer Mathematik sogar nur den drittletzten Platz. 15 bis 20 % der

deutschen Schüler gelten mittlerweile als rechenschwach, 6 % als extrem rechenschwach. Rechenschwäche, auch Dyskalkulie genannt, ist vor allem auf Bewegungsmangel, auf Mangel an räumlichen Erfahrungen beim Spielen, auf den Mangel an Umgang mit verschiedenen Materialien und auf die fehlende Kompensation durch psychomotorische Übungen in Kindergärten und Schulen zurückzuführen. Dyskalkulie korrespondiert mit einer Schwäche, Links und Rechts unterscheiden zu können, und mit dem Phänomen, nicht gut rückwärts gehen zu können. Rechenschwache Kinder bleiben oft „zählende Rechner", sie erkennen Mengen, Größen und logische Folgen nicht, haben keine konkrete Vorstellung von der Größe von Zahlen (100 oder 1.000 sind einfach nur viel), und sie sind oft wahrnehmungsgestört. Weil sie Entfernungen und Geschwindigkeiten nicht richtig einschätzen können, verunfallen sie leichter als andere.

- So wie Schule heute durchweg noch ist, baut sie auf die erzieherische Grundversorgung des Kindes in der Familie. Nur die ist bei immer mehr Kindern nicht mehr gegeben. Hungernde Kinder lernen schlecht, Ernährung hat also etwas mit Erziehung und Lernen zu tun. Immer mehr Lehrer haben diesen Zusammenhang erkannt, und sie beginnen daher den Unterrichtstag mit einem „Schulfrühstück" und beenden oder unterbrechen ihn mit einem „Pädagogischen Mittagstisch".
- Etwa 20 % der deutschen Schüler gelten als hyperaktiv bzw. als vom „hyperkinetischen Syndrom" betroffen. Sie können sich im Unterricht nicht mehr gut konzentrieren, sie stören ihre Lehrer und Mitschüler als „Zappelphilippe", und am Ende fallen sie durch schlechte Noten, zumindest aber mit erheblichen Teilleistungsschwächen auf, wenn sie nicht mit dem Medikament Ritalin ruhiggestellt oder mit Verhaltenstherapien verändert werden.
- Mit der Zunahme des Phänomens veränderte Kinder, mit dem Schwinden der häuslichen Erziehungskompetenz und der leiblichen Grundversorgung gegenüber immer mehr Kindern vergrößern sich die Verhaltens- und Leistungsbandbreiten schon in der Grundschule. Es kommen immer mehr erzieherisch vernachlässigte und immer mehr häuslich gut und früh geförderte Schüler zugleich in die l. Klassen, so dass die Lehrer mit herkömmlichen Unterrichtsmethoden nur noch den Kindern in der Leistungsmitte einer Klasse einigermaßen gerecht werden können. In dem Maße, wie immer mehr Schüler überfordert und gleichzeitig immer mehr Schüler unterfordert werden, ist die bisherige Grundschule mit frontalen und lehrerzentrierten Vorgehensweisen in der Tat am Ende, auch weil sie den

Lehrer hoffnungslos überfordert. Nur mit der Wandlung der Grundschule zur Lernwerkstatt mit offenem Unterricht, mit Partnerarbeit und Computern, mit Wochenplanarbeit und mit vielen individualisierenden Materialien (Arbeitsblätter, Lexika, Karteikartensysteme, Druckerei), mit der Wandlung des Lehrers vom Stundengeber zum Lernberater in flexiblen Lernphasen statt der bisherigen 45-Minuten-Takte, nur mit einer anderen Fehlerkultur und mit Notenfreiheit, mit gezielt gestalteten Lern-, Entlastungs-, Spiel-, Bewegungs- und Ernährungsphasen nebst musischen Phasen, mit „Jahrgangsübergreifenden Klassen" (wie an der Peter-Petersen-Schule in Köln, die immer zwei Jahrgänge in einen Raum setzt, so dass jeder Schüler im Wechsel mal zu den jüngeren, mal zu den älteren gehört) und mit dem in Schleswig-Holstein angedachten Prinzip „Einschulung ohne Auslese" (alle Sechsjährigen werden ohne Schulreifetest eingeschult, ganz egal, wie weit sie in ihrer Entwicklung sind), kann sie wieder einigermaßen funktionabel werden. Wir müssen wirklich darüber nachdenken, ob es noch einen Sinn gibt, Schüler ausgerechnet nach Geburtsjahrgängen zum Lernen zusammenzuschließen, denn nirgendwo sonst wirkt das Leben so, sehen wir einmal von Getreidefeldern ab, in denen jede Pflanze genauso alt ist wie die nächste.

• Hochbegabte Kinder versagen oft in der Schule. Auf den ersten Blick wirkt diese Aussage wie ein Widerspruch in sich. Aber Kinder, die alles am Schulanfang schon können, was der Lehrer von ihnen verlangt, langweilen sich oft, so dass sie zunächst schwierig werden, dann stören, dann lästig werden und schließlich, wenn sie von den Mitschülern in den nichtintelligenzabhängigen Anforderungen (Ordnungsverhalten, sauber schreiben, Hefte mitbringen, Unterschriften vorlegen, Ergebnisse unterstreichen) überholt werden, in Form schlechter Berichts- oder Notenzeugnisse versagen. Weil die Kräfte der Lehrer zu stark von den schwachen und durchschnittlichen Schülern gebunden werden, vernachlässigen sie die früh- und hochbegabten bzw. die schon intensiv von zu Hause her geförderten, und wenn die dann schließlich mit Verhaltensstörungen stören, versuchen Lehrer nicht selten, sich dieser Schüler zu entledigen. Mittlerweile ist dieses Problem in den meisten Bundesländern erkannt worden, so dass beispielsweise die Hamburger Schulbehörde eine „Beratungsstelle für besondere Begabungen" eingerichtet hat, die solchen Kindern und ihren Eltern hilft. Franz J. Mönks von der Universität Nijmwegen schätzt, dass 10 bis 15 % eines Schülerjahrgangs „Spitzen- und Hochbegabte" sind (Hochbegabte werden mit einem IQ ab 130 definiert). Das bedeutet, dass in Deutschland pro Jahr etwa 70.000 bis 80.000 solcher Kinder eingeschult werden, für die die herkömmliche Schule eigentlich nicht mehr taugt. In Berlin hat man für sie „Express-Abi-Klassen“ zum Abitur nach Klasse 12 eingerichtet, die in Baden-Württemberg, Hessen und Rheinland-Pfalz „D-Zug-Klassen“ heißen und eine Aufnahmeprüfung nach Klasse 4 oder 6 voraussetzen. Aber immer mehr Eltern wollen für ihren hochbegabten Nachwuchs keine staatlichen Antworten mehr; sie lassen ihn durch eine der Außenstellen des Nachhilfeunternehmens „Studienkreis“ fördern oder samstags in speziellen Kursen für hochbegabte Schüler an Universitäten (z.B. in Hamburg), oder sie melden ihr Kind zu einer der drei „Jugenddorf-Christophorusschulen“ für Hochbegabte des Christlichen Jugenddorfwerkes (CDJ) in Braunschweig, Rostock und Königswinter, wenn sie nicht gar ganz auf Eliteinternate und -schulen in Großbritannien, in der Schweiz und in den USA ausweichen. Die Zahl der deutschen Privatschüler, die Schulen in Großbritannien besuchen, hat sich jedenfalls in den letzten Jahren versiebenfacht.

- Es gibt immer Schüler, die mehr lernen wollen oder anderes lernen wollen, als die Schule ihnen bietet. So gingen in Hamburg jüngst viele Schüler auf die Straße, um gegen Unterrichtsausfall zu protestieren, so wählen junge Menschen Privatschulen, an denen sie auch Japanisch, Chinesisch oder Betriebswirtschaft lernen können, und so klagte ein Schüler in Berlin dagegen, dass er in der Oberstufe zwangsweise mit Chemie beschult wurde, weil er meinte, die Schule würde ihm so viel wichtige Lernzeit rauben, die er lieber für dasjenige einsetzen würde, was er eigentlich lernen möchte. Als Folge unserer meinungs- und wertepluralistischen Gesellschaft sind Elternerwartungen und Schülerwünsche eben vielgestaltiger als in einem totalitären System, und nur mit einer höchst bunten Schullandschaft und einer Fülle von Schulprogrammen bzw. Schulprofilen nebeneinander vermag der Staat allen Schülerpersönlichkeiten Rechnung zu tragen. Warum soll es also nicht Ski-, Schwimm-, Tennis- und Fußballgymnasien und Legasthenikerinternate geben, die auch zum Abitur führen?

Schule muss offensichtlich ganz anders werden

Auch wenn die Schule noch nicht am Ende sein sollte, muss sie offensichtlich eine ganz andere werden. Dieses Anderssein darf aber nicht in nur eine Richtung gehen, also beispielsweise nicht nur in Richtung „Schulen ans Netz“. Das Althergebrachte muss ebenso weiter angeboten werden, weil es genügend Schüler und Eltern gibt, die eine altsprachliche bzw. eine humanistische Bildung wünschen oder eine Schule, die bewusst nicht mehr erzieht als bisher, weil es mit der Erziehung im Elternhaus noch gut klappt und weil der Artikel 6 des Grundgesetzes den Eltern das Erziehungsrecht zugesteht. So lernt noch jeder 15. Schüler in Hamburg Latein, und es gibt noch etwa 520 Schüler in der Hansestadt, die Altgriechisch als Fach haben wollen. Aber für diejenigen Kinder, die zu Hause keine stimmige Erziehung haben, muss Schule mehr Erziehungsanteile als bisher übernehmen, weil es sonst mit dem Lernen nicht mehr richtig klappt und weil die Schule im Moment die einzige gesellschaftliche Institution ist, die noch sämtliche Kinder bewusst erzieherisch zu erreichen vermag, was mehr als die Hälfte der deutschen Familien nicht mehr schafft. Wir brauchen also in Zukunft bildende und erziehende Schulen einerseits (das könnten die Gymnasien sein) und erziehende und bildende Schulen andererseits (die könnten Sekundärschulen heißen). Beide führen zum Sekundarabschluss I und zum Abitur, die eine Gruppe vertraut dabei aber mehr auf die herkömmliche Arbeitsteilung, mit der die Familie erzieht und die Schule bildet, während die andere Gruppe Bildung in einen starken erzieherischen Rahmen einbettet, damit auch Kinder aus erzieherisch nicht so kompetenten Familien genügend lernen und ausreichend leistungsfähig für die gewandelten gesellschaftlichen Herausforderungen des 21. Jahrhunderts werden.

Fehlender Konsens in Bezug auf Schulgestaltung

Zwar hat es noch nie Konsens über das gegeben, was Schule zu leisten hat, aber noch nie scheint der Konsens so gering zu sein wie heute. Zwar gibt es einen Konsens in Bezug auf Lesen, Schreiben, Rechnen und Fremdsprachenunterricht an sich, aber schon wenn es um den Unterrichtsumfang dafür und um die Methode geht, gibt es Streit: Sollen die Grundlagen dieser Kulturtechniken mit Fehlermachen-Dürfen und notenfrei gelegt werden oder mit Zensuren? Ist Lesenlernen durch Schreiben besser oder das Umgekehrte? Ist die synthetisch-analytische Methode besser oder die Ganzwort- oder Ganzsatzmethode? Welchen Stellenwert soll die Mengenlehre haben? Ist Überschlagen oder Schätzenkönnen wichtiger, als die zweite Stelle hinter dem Komma, die einem ja heutzutage ohnehin der Taschenrechner liefert, direkt berechnen zu können? Soll der Mathematikunterricht bis zum Sinussatz vordringen oder nicht? In welchem Alter soll der Fremdsprachenunterricht beginnen? Vielleicht wächst mit dem Zusammenwachsen Europas demnächst der Konsensgrad in Bezug auf Schulgestaltung, sicher ist das aber nicht. Vielleicht wird die regionale Schulautonomie gleichzeitig mit der europäisch-zentralen in Brüssel gestärkt, so dass wir eine deutschlandweite Schulinstanz in Berlin nicht benötigen.

Immerhin besteht ein gewisser Konsens darin, dass wir in Deutschland keine japanischen Schulverhältnisse haben wollen, in denen die alte Schule einfach bloß mit dem Lerngerät Computer fortgeschrieben wird, statt mit ihm eine ganz andere Schule voller Bewegung, Kreativität und Konfliktfähigkeit zu begünstigen. In Japan beginnt man schon mit 15-monatigen Kindern mit dem Lesen; und sobald die Kinder greifen können, beginnt der Mathematikunterricht. In 200 der 18.000 Kumon-Schulen werden 40.600 Babys in Rechnen, Japanisch und Englisch unterrichtet, in 16 Tokioter Vorschulen werden Ein- bis Sechsjährige akademisch, künstlerisch und sportlich gedrillt, gesponsert von einem Windelhersteller. Der Leistungs- und Karrieredruck ist im japanischen Schulwesen mörderisch, er korrespondiert mit einem enormen Ehrgeiz der Eltern. Nur eines von 20 Kindern besteht die Aufnahmeprüfungen der 50 renommiertesten Privatschulen des Landes, und die Schülersuizidrate ist gemeinsam mit denen von Singapur und Südkorea weltweit Spitze. Welche Schäden ein so aufgepäppeltes Schulwesen mit ganz altem Denken schon bei Siebenjährigen anrichtet, gibt eine Grundschullehrerin aus Tokio so wieder: „Die Mütter lassen ihre Kinder Englisch büffeln und Klavier spielen, doch sie ziehen sie an, binden ihnen die Schuhe zu, schälen ihnen das Obst und schieben ihnen den Suppenlöffel in den Mund; aber in der Turnstunde stürzen die meisten der Kinder, weil sie das Rennen und das Fallen nie gelernt haben. Die Kinder melden sich nie, weil sie Angst haben, etwas Falsches zu sagen, und wenn sie dann nach einer Aufforderung etwas Falsches gesagt haben, weinen sie sofort." Kreativität und Konfliktfähigkeit fehlt nämlich den meisten japanischen Kindern; vor lauter Angst vor Fehlermachen haben sie beides nie entwickeln können.

Václav Havel und die freie Schule

Versuch einer Standortbestimmung

Johannes Kiersch*

Unsere gesellschaftlichen Verhältnisse unterliegen seit dem Zusammenbruch der Systeme des „real existierenden Sozialismus" vor nur einem Jahrzehnt einer Umwandlung, die künftigen Historikern einzigartig schon durch ihr bloßes Tempo erscheinen wird. Seitdem der bolschewistische Feind als Gegenbild im Osten verschwunden ist, braucht die kapitalistische Großmacht des Westens keine sozialen Rücksichten mehr zu nehmen. Die „Sozialbindung des Eigentums", im deutschen Grundgesetz festgeschrieben, wenn auch wenig bedacht und selten ernsthaft respektiert, gerät vollends in Vergessenheit. Der „Sachzwang" der Globalisierung ist auf dem besten Weg, auch noch den Verfassungsgrundsatz von der Unantastbarkeit der Menschenwürde (Art. 1 Abs. 1) außer Kraft zu setzen. Warum auch nicht? Wir leben halt in einer „Risikogesellschaft" (Ulrich Beck). Dabei können schon mal Kollateralschäden auftreten, wie bei der Friedensmission in Serbien.

Strukturmerkmale des Staatsschulsystems

Wie ergeht es unter diesen veränderten Umständen dem Schulwesen? Dem staatlich verwalteten und dem in freier Trägerschaft? Wer darüber Erwägungen anstellen will, tut gut daran, sich zunächst gewisse Strukturmerkmale des Staatsschulsystems zu verdeutlichen. Dieses System ist ja, im Gegensatz zum demokratischen Rechtsstaat und zur freien Marktwirtschaft, nach 1945 nicht neu eingeführt worden. Es ist als ein Funktionssystem eigener Art – die Juristen sprechen hier von der Rechtsform des „besonderen Gewaltverhältnisses" wie beim Militär und beim Strafvollzug – ein Relikt der Kaiserzeit, das die Weimarer Republik ebenso wie die nationalsozialistische Diktatur im Wesentlichen unverändert überstanden hat: entgegen seinem eigentlichen pädagogischen Zweck hierarchisch-bü-

* **Johannes Kiersch,** geb. 1935. Studium der Anglistik, Geschichte, Philosophie und Pädagogik. Waldorflehrer in Frankfurt/M. und Bochum. Seit 1973 am Aufbau des Instituts für Waldorfpädagogik Annener Berg in Witten/Ruhr beteiligt.

rokratisch organisiert, fest eingebunden in den Selektionsapparat des Berechtigungswesens, den darin beschäftigten Lehrerinnen und Lehrern „Spielräume" bietend, aber keinerlei wirkliche Verantwortung. Gerechtfertigt wird das Festhalten an diesem System durch die unbestreitbare Tatsache, dass im Verlauf des 19. Jahrhunderts der Eingriff des Staates das Schulwesen umfassend verbessert, Ausbildung und Status der Lehrerschaft auf einen zeitgemäßen Stand gebracht, den Einfluss der Kirchen zurückgedrängt habe und anderes mehr. Wenn auch, wie wir heute wissen, das Reden von der Garantie der Chancengleichheit durch den Staat sich als Illusion erwiesen hat: Ohne staatlichen Eingriff scheinen alle Errungenschaften des modernen Bildungswesens akut gefährdet zu sein. Das Grundgesetz ist da vorsichtiger. Es spricht nur von der „Aufsicht" durch den Staat (Art. 7 Abs. 1), nicht von einer staatlichen Gestaltungspflicht. Aber das nehmen die meisten von uns nicht ernst. Selbst für viele Mitarbeiter und Eltern der Schulen in freier Trägerschaft ist die „Regelschule" gültiger Maßstab.

Inzwischen nun leben wir nicht mehr im 19. Jahrhundert. Die Lehrerbildung ist auf ein akademisches Niveau angehoben, auch die der Grundschullehrerschaft. Auch die Eltern sind klüger geworden und besser informiert. Wir leben inzwischen in einer pluralistischen Gesellschaft. Die relativ einheitlichen Wertvorstellungen früherer Zeiten gibt es nicht mehr. Einheitliche Lebensideale und Lebensstile erst recht nicht. Diese neue Situation ist ein wesentlicher Grund für das wachsende Unbehagen gegenüber dem Zustand des Schulwesens, aber nicht der wichtigste. Das Schulsystem als Ganzes ist nicht mehr zeitgemäß.

„Die Macht der Machtlosen"

Warum das so ist, zeigt mit besonderer Deutlichkeit ein Gedankengang, den der tschechische Staatspräsident Václav Havel zur Diskussion gestellt hat, als er noch Dissident war. Im Jahre 1978, kurz vor seinem ersten Gefängnisaufenthalt, analysiert er in seiner kleinen Schrift über „die Macht der Machtlosen" (deutsch: „Versuch, in der Wahrheit zu leben") die Funktionsweise des „posttotalitären" Systems, in welchem er zu leben hat. Es handelt sich dabei, so Havel, nicht um die gewöhnliche Form der Diktatur, wie wir sie etwa aus Ländern der Dritten Welt kennen, sondern um ein elaboriertes Machtsystem eigener Art, das durch besondere Strukturmerkmale gekennzeichnet ist. Erstens hat es eine bedeutende *Tradition:* die des

Kampfes um die Befreiung der Arbeiterklasse. Zweitens eine ehrwürdige *Ideologie*, die mit geradezu religiösem Ernst vertreten wird. Drittens ein kompliziertes *Ritualsystem* aus bürokratischen Regeln aller Art, Beförderungen, Ordensverleihungen, Begünstigungen, durchsetzt von vielerlei symbolischen Zeichen: Orden, Fahnen, Spruchbänder, Aufmärsche, Wettbewerbe und dergleichen. In dieses Ritualsystem sind alle Beteiligten fest eingebunden, weniger aus Angst vor unmittelbaren Sanktionen als vielmehr durch bloße Anpassung an die gemeinsam praktizierten Rituale. Man braucht gar nicht direkt mit Strafen zu rechnen. Man kann sogar die Verlogenheit des Ritualsystems durchschauen und sich (in Grenzen) darüber lustig machen. Die Hauptsache ist, dass man *mitspielt.* Allein dadurch hält sich das System an der Macht. Als viertes Element seiner Deutung beschreibt Havel die *Eigenbewegung* des Ritualsystems, durch die sich dies System immer weiter von den Realitäten des Lebens entfernt, bis es schließlich ohne jeden gewaltsamen Umsturz einfach aufhört zu funktionieren. So, wie es gute zehn Jahre später bei der „samtenen Revolution" in Prag tatsächlich geschah.

Es fällt nicht schwer, die vier Strukturmerkmale des „posttotalitären" Systems nach Václav Havel im System der heutigen Staatsschule wiederzufinden: die ehrwürdige *Tradition*, die dazugehörige *Ideologie* (konservativ, sozialistisch oder liberal, auf jeden Fall staatlich), das *Ritual* (etwa in Gestalt des Zeugnis- und Berechtigungswesens, der zahllosen Verwaltungsvorschriften, der Laufbahnordnung im öffentlichen Dienst) und schließlich die *Eigenbewegung* des Rituals, das, was in der Sprache der Schulverwaltung euphemistisch „die Sachzwänge" genannt wird.

Haben wir – in Fortführung der Analogie zur Systemkritik Havels – in absehbarer Zeit mit einem „Prag" oder „Leipzig" auch des Ritualsystems der staatlichen Schulverwaltung zu rechnen? Wird dies System ohne Parlamentsbeschluss einfach aufhören zu funktionieren wie die Leitungsstrukturen der alten DDR? Nicht unbedingt. Havel erörtert 1978 auch die Möglichkeit einer stillschweigenden Adaption des Systems an ein neues „Leben", das sich *unter* oder *zwischen* den realitätsfernen Ritualvorgängen bemerkbar macht. Für die Dissidenten seines Landes leitet er daraus die Notwendigkeit ab, „Parallelstrukturen" zu entwickeln: Samisdat-Literatur, heimliche Schulen und Universitäten, Netzwerke der uneigennützigen Hilfe. Ob diese „Parallelstrukturen" eines Tages das alte System stillschweigend ersetzen, oder ob das System sich stillschweigend anpasst, läuft fast auf dasselbe hinaus.

Das System gerät unter Druck

Das „posttotalitäre" System des Staatsschulwesens gerät zurzeit von mehreren Seiten her und mit wachsendem Tempo unter Druck. Von „innen", nämlich im subjektiven Befinden der Lehrerinnen und Lehrer, der Eltern- und Schülerschaft, aber auch der immer zartfühlender und behutsamer taktierenden Schulverwaltung, macht sich ein wachsendes Unbehagen angesichts der offenkundigen Sinnlosigkeit und Verlogenheit der gemeinsam praktizierten Rituale bemerkbar, bis hin zu Handlungen des zivilen Ungehorsams gegenüber amtlichen Weisungen. Von „außen" drückt ein selbst von der Gewerkschaft für Erziehung und Wissenschaft (GEW) nicht mehr ernsthaft bezweifelter, unabweisbarer *Sparzwang* (vgl. besonders Böttcher u.a. 1997), der vieles, was eine Schule attraktiv macht und ihr „corporate identity" verschafft, anderswohin verlagert: Orchester und Chor in die städtischen Musikschulen, Arbeitsgemeinschaften in die Volkshochschulen, Sport in die Sportvereine, Ausflüge und Reisen in die Touristik-Branche, handwerkliche Aktivitäten in den häuslichen Hobbykeller, dringend notwendige Fördermaßnahmen in kommerzielle Unternehmungen aller Art, die inzwischen Millionen damit verdienen. Das alles auf Kosten derer, die es am nötigsten haben (was dann das Reden von der garantierten Chancengleichheit weiter desavouiert). Währenddessen wächst die Gefahr der Gewalttätigkeit, schwerpunktmäßig an den Haupt- und den Sonderschulen, wo die sozial Ausgegrenzten unter sich bleiben (Tillmann u.a. 1999).

Das alles wird verschärft durch die veränderten Lebensverhältnisse moderner Kinder, von denen wir jeden Tag in der Zeitung lesen: den Zerfall der Familien, den Einfluss der Medien, die Gefährdungen des naiven sinnlichen Wahrnehmens, den Mangel an körperlicher Bewegung, den Sprachverfall, last not least den sozialen Druck des Berechtigungswesens. Wahrlich kein Wunder, dass die Mehrzahl aller Lehrer vorzeitig in den Ruhestand geht. Sollen wir uns am Idealismus der KollegInnen in Rußland orientieren, die oft monatelang kein Gehalt bekommen und trotzdem weitermachen? „Aber es sind doch *unsere* Kinder, nicht die Kinder des Staates", sagte eine von ihnen auf den Einwand hin, dass doch schließlich der Staat für die Schulen zuständig sei. In Rußland sind eben die Verhältnisse schon weiter fortgeschritten. Dort spielt sich das Leben in Netzwerken spontaner wechselseitiger Hilfe gewissermaßen unterhalb der staatlichen Strukturen ab. Was bei uns „Schattenwirtschaft" heißt, ist dort zur Lichtwirtschaft assoziativer Selbsthilfe geworden (wenn auch nicht für alle und nicht einklagbar). Auch der Blick nach Westen hilft uns nicht weiter. Man hört von einem US-amerikanischen Staat, der für seine Gefängnisse mehr ausgibt als für sein gesamtes Bildungswesen. Vielleicht sollten wir anfangen nachzudenken, bevor auch wir so weit sind.

Rudolf Steiner, der Begründer der Waldorfpädagogik, nennt im Sommer 1919 den staatlichen Volksschullehrer „ein zahmgemachtes Kaninchen". Das gilt bis heute. Der Kaninchenstall ist größer geworden und besser ausgepolstert, aber die Tür bleibt zu. Jedenfalls so lange, bis sie morsch wird.

Lehrerinnen und Lehrer an Schulen in freier Trägerschaft sind von diesen Verhältnissen ganz ähnlich betroffen wie ihre Kolleginnen und Kollegen in der Staatsschule. Die meisten von ihnen haben die gleiche Ausbildung durchlaufen, ringen mit den gleichen Defiziten hinsichtlich ihrer pädagogischen und sozialen Kompetenz, haben es mit ähnlich kritischen oder gleichgültigen Eltern zu tun, benutzen das gleiche Unterrichtsmaterial (inzwischen auch an Waldorfschulen) und haben sich auf dasselbe Berechtigungswesen einzustellen. Umgekehrt haben, wenigstens in den Grenzen ihres Klassenraums, Lehrer an staatlichen Schulen Freiräume, die sie oft gar nicht ausnutzen. Alternative Schulen sind keine Inseln der Freiheit und des Friedens, und Staatsschulen sind keine Gefängnisse. Und so stehen die einen wie die anderen vor der gleichen entscheidenden Zukunftsfrage. Sollen sie sich anpassen an ein leeres Ritualsystem, dessen endgültiger Stillstand nur noch eine Frage der Zeit ist, oder sollen sie gezielt aufgreifen, was sich jetzt schon anbietet für die Zeit *danach?*

In der Wochenzeitung *Die Zeit* erschienen kürzlich aus Anlass der Parteispenden-Affäre im Abstand von nur drei Wochen (24.2. und 16.3.2000) zwei spektakuläre Leitartikel, die einen neuen gesellschaftlichen Trend beschreiben. Es geht dabei um „direkte Demokratie", „Gemeinsinn", „soziale Fantasie", „Politik ohne die da oben". Die Autoren verweisen auf die schnelle Ausbreitung von Nicht-Regierungs-Organisationen (NGOs), erstaunliche Aktivitäten freier Jugendgruppen, Selbsthilfe-Einrichtungen der verschiedensten Art. All das werde „die hergebrachten Institutionen zu Reformen zwingen".

Anpassung oder Fortschritt

Man kann sich an das abgelebte Ritualsystem anpassen, wie das zur Zeit z.B. bei gewissen Waldorfschulen in Nordrhein-Westfalen zu beobachten ist. In „vorauseilendem Gehorsam" (wie man das im Absolutismus des 17./18. Jahrhunderts nannte) schafft man dann die kostbare Errungenschaft der kollegialen Gehaltsordnung ab und bezahlt die Lehrer nach Staatstarif, verlagert man die Vorbereitung auf die in der klassischen Waldorfschule marginale Abiturprüfung in die 10. oder 9. Klasse oder gar schon in die Mittelstufe, führt die abgeschafften Noten-Zeugnisse wieder ein, reduziert die Fächer Musik und Eurythmie auf eine Wochenstunde oder verzichtet völlig darauf, schafft den Förderunterricht ab und entlässt therapeutische Hilfskräfte oder verzichtet auf den Schularzt.

Oder man tut sich mit den Kräften des Fortschritts zusammen, kümmert sich um schöne Schulbauten (Rittelmeyer 1994), vertritt offensiv die neueren Forschungsergebnisse, die zeigen, dass ein auf Kosten der theoretischen Lernfächer erweiterter Musikunterricht die Leistungen in den stundenmäßig reduzierten Fächern nicht mindert und neben musikalischen Fähigkeiten auch das Sozialverhalten fördert, also entscheidend zur Gewaltprävention beiträgt (Scheidegger/Eiholzer 1997), klärt Eltern und Schulaufsicht darüber auf, dass es im Leben nicht nur auf den IQ, sondern auf ein viel breiteres Spektrum von Intelligenz ankommt (Gardner 1998 und 1999) und wie man in der Schule dazu beiträgt, dieses breitere Intelligenzspektrum gezielt zu fördern, arbeitet mit den Eltern gemeinsam an einem originellen zeitgemäßen Lehrplankonzept, wie es die Waldorfschulen immer wieder getan haben (Rist/Schneider 1977, Edding 1985, Fucke 1976, Auer 1998, Iwan 1999), aber auch die Freien Alternativschulen (Borchert/Maas 1998) oder Staatsschulen mit Versuchsschulstatus, wie die berühmte Helene-Lange-Schule in Wiesbaden, die Glocksee-Schule in Hannover oder die Bielefelder Laborschule. Zur Finanzierung kann man professionelles Fundraising betreiben (Stiftung Verbraucherinstitut 1999).

Austauschmöglichkeiten bieten sich im Internet, unmittelbarer bei den Veranstaltungen des *Europäischen Forums für Freiheit im Bildungswesen* (EFFE), das sich bewusst nicht als Interessenverband für Privatschulen, sondern als Gesprächs- und Selbsthilfe-Organ für Einzelpersonen versteht, ähnlich wie die von Waldorf-Erziehern initiierte *Alliance for Childhood,* die englische Vereinigung *Human Scale Education,* die für das Prinzip des Home Schooling eintritt, oder das von Eginhard Fuchs und Nina Petrowna Litwinowa initiierte Netzwerk *Beautiful Schools International.* Vor allem wird man nicht nachlassen dürfen im unermüdlichen Eintreten für wirkliche *Autonomie* im Schulwesen, die das pädagogische Establishment inzwischen schon wieder einzugrenzen droht. Das juristische Instrumentarium dafür steht längst bereit (zusammenfassend: Jach 1999). Die AKTION MÜNDIGE SCHULE setzt sich für ein freies Schulwesen ein, und man kann ihr nur Erfolg und breiteste Unterstützung bei ihrer Arbeit wünschen.

Das Bildungswesen ist bei uns in traurigem Rückstand. Aus verständlichen Gründen wurden nach dem Zusammenbruch von 1945 nur das Wirtschaftsleben und der Rechtsstaat bis zu gewissem Grad in die Freiheit entlassen. Trotz mancher Erblasten konnte sich ein demokratisch orientiertes Rechtsbewusstsein in Deutschland während der Nachkriegszeit erstaunlich gut entwickeln, nicht zuletzt durch die liberale Rechtsprechung des Bundesverfassungsgerichtes. Auch das „Wirtschaftswunder" war im Großen und Ganzen ein Erfolg. Im Bildungswesen blieb alles beim Alten. Vieles spricht dafür, dass sich dies demnächst drastisch ändert. Wir sollten uns rechtzeitig darauf vorbereiten.

Literatur:

Auer, W. M.: Bochum: Eine alte Schule wandelt sich. In: Erziehungskunst 10/1998, S. 1119–1126.

Böttcher, W., u.a. (Hg.): Wege zu einer neuen Bildungsökonomie. Weinheim/München 1997.

Borchert, M./Maas, M. (Hg.): Freie Alternativschulen. Die Zukunft der Schule hat schon begonnen. Bad Heilbrunn 1998.

Edding, F., u.a.: Praktisches Lernen in der Hibernia-Pädagogik. Eine Rudolf-Steiner-Schule entwickelt eine neue Allgemeinbildung. Stuttgart 1985.

Fucke, E.: Berufliche und allgemeine Bildung in der Sekundarstufe II. Stuttgart 1976.

Gardner, H.: Frames of Mind (1983). Deutsch: Abschied vom IQ. Die Rahmentheorie der vielfachen Intelligenzen. Stuttgart [2]1998.

Gardner, H.: Intelligence Reframed. New York 1999.

Havel, V.: Moc Bezmocnych (1978). Deutsch: Versuch, in der Wahrheit zu Leben. Reinbek 1980 u. öfter.

Iwan, R.: Das Ei des Kolumbus. Ein Öko-Projekt in Schwäbisch Hall. In: Erziehungskunst 5/1999, S. 543–555.

Jach, F.-R.: Schulverfassung und Bürgergesellschaft in Europa. Berlin 1999.

Rist, G./Schneider, P: Die Hiberniaschule. Reinbek 1977.

Rittelmeyer, C.: Schulbauten positiv gestalten. Wie Schüler Farben und Formen erleben. Wiesbaden/Berlin 1994.

Scheidegger, J./Eiholzer, H. (Hg.): Persönlichkeitsentfaltung durch Musikerziehung. Aarau (Schweiz) 1997.

Tillmann, K.-J., u.a.: Schülergewalt als Schulproblem. Weinheim/München 1999.

Stiftung Verbraucherinstitut in Zusammenarbeit mit dem Ministerium für Schule und Weiterbildung, Wissenschaft und Forschung des Landes Nordrhein-Westfalen: Schulsponsoring heute. Berlin 1999.

„Heiliger Michael, du Streiter, sei in der Schule mein Begleiter"

Johannes Stüttgen*

Einheit von Inhalt und Form

Die von Henning Kullak-Ublick und einigen anderen Entschlossenen gegründete AKTION MÜNDIGE SCHULE hat in Schleswig-Holstein ein Volksbegehren „Schule in Freiheit" initiiert, das nur deswegen bis jetzt nicht hat stattfinden können, weil es der Landtag in Kiel auf Betreiben der Landesregierung für unzulässig erklärte und das Urteil des Bundesverfassungsgerichts noch aussteht.

Dass eine Initiative, die es auf die Selbstverwaltung des Schulwesens, d.h. dessen Entstaatlichung abgesehen hat, bei den Staatsorganen auf wenig Gegenliebe stoßen würde, lag auf der Hand, zumal denen schon das Verfahren als solches gegen den Strich gehen muss. Ziel und Mittel, freies Schulwesen und Volksabstimmung, sind gleichen Ursprungs und gleicher Art; beide, in dieser Aktionspartitur als Doppel in eins gefügt, sind auf die Ablösung der herrschenden Machtstruktur angesetzt und fordern deren Widerstand gleich doppelt heraus.

So sind wir, das zeigt uns die Stimmigkeit dieses Bildes aus sich heraus wie sein Widerschein, auf dem richtigen Weg und (was dasselbe ist) mitten in Feindesland. Allein das Aufweisen dieser Wesenzusammengehörigkeit der Prinzipien „Schule in Freiheit" und direkte Demokratie ist ungeachtet des weiteren Verlaufs und Ausgangs der Aktion von gar nicht hoch genug einzuschätzender Bedeutung. Wer es bis jetzt noch nicht wusste, hier geht es ihm auf: Die Befreiung des Schulwesens ist nur durch die direkte Demokratie zu haben, und direkte Demokratie ist selbst schon ein Schulungsweg der Freiheit. Genau diese Einheit von Inhalt und Form ist das Wärmewesen, das die Menschen mit den Engeln verbindet; sie erhebt das von den Mächten der Vergangenheit doppelt bekämpfte Projekt in die sich selbst begründende Gültigkeit und Qualität der Kunst.

---

* **Johannes Stüttgen,** geb. 1945. Studium an der Kunstakademie Düsseldorf bei Joseph Beuys, 1971 Meisterschüler. Langjährige Arbeit als Kunsterzieher, als Leiter des Ateliers Beuys Staatliche Kunstakademie Düsseldorf Raum 3 und für die direkte Demokratie. Vorträge, Aktionen, Seminare.

Bleiben wir noch für einen Augenblick bei diesem Bild, das Henning Kullak-Ublick und seine Aktion da haben aufgehen lassen, und übersehen wir nicht, dass es nur zustande kommen konnte, weil Menschen nicht länger bloß im „freien Geistesleben" und der reinen Schau verharrten, sondern wirklich ihre Siebensachen zusammengenommen haben und zur Tat geschritten sind. Jenes Bild ist nur deshalb so zwingend, weil es ein Energiebild ist, es entzündet die Herzen und schafft nur deshalb auch Klarheit im Kopf. Erst hier, im Feld des Willens, mitten im Schmutz der Politik und der Reibung mit ihr, und nicht in den ängstlich abgeschirmten Privatreservaten, wo er zum Langweiler wird, kann sich der Geist in seiner Schönheit, Schärfe und Überzeugungskraft offenbaren, so dass ihn die Welt wiedererkennt.

Was nutzt mir ein Waldorflehrer, der die ganze Hohlheit z.B. des Staatsabiturs sehr wohl kennt (wäre er sonst Waldorflehrer geworden?) und diesem dann doch in einem „13. Schuljahr" die Hintertür öffnet, wenn er nicht – sozusagen aus Gründen des karmischen Ausgleichs – parallel nun auch im Gegenzug nach außen und vor aller Welt den Urheber dieses Unsinns, nämlich den Staat samt seiner Schulhoheit, aus der Deckung zwingt und in den Ring zitiert? Nicht zuletzt dieser Aspekt ist es ja, der im Fall des Flensburger Waldorflehrers Kullak-Ublick die Angelegenheit so authentisch macht und nicht etwa nur dessen persönliche, sondern die Hypothek der Waldorfschul-Seele im Ganzen entlastet.

Die Stunde hat geschlagen

Wo bleiben jetzt all die anderen Kolleginnen und Kollegen? Die Eltern, die Schüler? Da ist es nur logisch, wenn im Zuge dieses beherzten, direktdemokratischen Vorstoßes, der einer Schule in Freiheit eine erste Bresche schlägt, auch der Bund der Freien Waldorfschulen die Gelegenheit ergreift, seine Klientel umfassend ins Bild zu setzen und zur aktiven Teilnahme an dem Volksbegehren aufzurufen. Sich mit dem, was man doch als sein Widersacherprinzip ansehen muss – die Staatsdomäne im Schulwesen –, immer bloß zu arrangieren, liefe auf Verrat hinaus, und da es sich keineswegs nur um ein Widersacherprinzip gegen den Waldorfschul-Sondergeist handelt, sondern gegen den Menschen schlechthin, wäre es der Verrat an der Welt. Ist die es nicht, genau genommen, sogar selbst, die aus der Wärmesubstanz ihrer geschundenen Seele so ein Volksbegehren hervorgebracht hat und um Hilfe schreit?

Jetzt hat die Stunde geschlagen, auch – nur um Ross und Reiter zu nennen – für eine Privatuniversität Witten-Herdecke mit anthroposophisch ambitioniertem Musteranspruch, die seit den Jahren ihres Bestehens der Öffentlichkeit eine interessante und wissenschaftlich seriöse, soziologisch und ökonomisch fundierte gesamtgesellschaftliche Alternativ-Idee zum Staatsschul-Prinzip vorenthält. Nur mit der Sammelbüchse durch die Lande zu ziehen, um weiterhin das uninteressante Privat-Prinzip zu propagieren, welches ja nicht nur der Sache der Schulen und Hochschulen, sondern auch der einer Wirtschaft im Dienste des Menschen zuwiderläuft, kann doch nicht wahrhaftig und im Ernst für attraktiv gehalten werden! Sollte es dieses Institut nun auch jetzt, da sich eine AKTION MÜNDIGE SCHULE endlich der Sache annimmt, versäumen, seiner Pflicht nachzukommen und ihr mit wissenschaftlichem Sachverstand zur Seite zu stehen, dann wüsste ich nicht mehr, auf was es sich dann noch beim Eintreiben von Anerkennung und Geldern berufen will. Das Privileg jeder feinen Minderheit verliert sich im Sande, wenn es nicht auf kurz oder lang mit der ganz be-sonderen Geistspeise aufwartet, die auch die anderen mit Nahrung versorgt.

Und was schließlich nutzt der Welt eine Hochschule für Geisteswissenschaft am Goetheanum zu Dornach mit ihren Sektionen, wenn sie ihren eigenen Urauftrag in so einer dem Dreigliederungsauftrag geradezu beispielhaft verpflichteten Kampagne wie dieser im deutschen Norden nicht blitzartig inspiriert wiedererkennt? Aber wer weiß, vielleicht über Nacht – aurora borealis – kommt das ja noch.

Ich für meinen Teil bitte vorerst um Nachsicht für all die vielen Sätze, denn in der Tat, man kann es auch kürzer sagen: „Die Mysterien finden im Hauptbahnhof statt" (Joseph Beuys). Das übrigens war auch der Satz, mit welchem mich Henning Kullak-Ublick 1989 zu einem ersten Gespräch über das freie Schulwesen und die direkte Demokratie nicht umsonst in den Hamburger Hauptbahnhof geladen hat.[1] So sind wir jetzt wieder zusammen.

Der inhaltliche Kern wurde übergangen

Fast muss man sagen: Zum Glück – und dank der Blockade des Kieler Landtags – liegt nun die Sache ja wieder für eine Weile auf Eis, so dass also

[1] „Die Erweiterung des Ozonlochs ist nur durch die Erweiterung des Kunstbegriffs zu stoppen!" Interview mit Johannes Stüttgen, in: FLENSBURGER HEFTE 24: 1789–1989. Direkte Demokratie. Flensburg 1989.

jeder noch rechtzeitig zur Besinnung kommen und das Volksbegehren, wenn es denn freigegeben wird, unterstützen kann. Wie immer sind auch diesmal die Gegenkräfte die zuverlässigsten Verbündeten. Gemäß dieser goldenen Regel, der sich niemand entziehen kann, trat bei Erscheinung des reinen Denkbildes prompt das passende Gegenbild auf den Plan und trägt nun *ex negativo* zur Konsolidierung des Wahrheits- und Schönheitssinns bei. Wem nämlich der Unterschied zwischen Kunst und Politik bis dahin noch nicht aufgegangen war, dem wurde er spätestens vom Kieler Landtag vorgeführt:

In Ermangelung einer wirklich schlüssigen Handhabe gegen den in seiner Substanz unanfechtbaren Antrag zum Volksbegehren verstieg sich das Parlament zu einer Idee, mit der aufzuwarten sogar dem ausgekochtesten Gauner nicht eingefallen wäre, weil er sich damit zu erkennen gegeben hätte. Als Begründung nämlich für die Verfassungswidrigkeit wurde vorgeschoben, dass im Falle des Erfolgs der Initiative „Schule in Freiheit" der Landeshaushalt um ein paar Millionen zusätzlich belastet würde, ein Volksentscheid aber nach der Verfassung nicht den Haushalt betreffen darf. Solche Entscheidungen sind dem Parlament vorbehalten. Nicht wahr, da bleibt einem die Spucke weg! Ganz abgesehen einmal von dem grundsätzlichen Widersinn, dass dem Volk als demokratischem Souverän der direkte Zugriff auf die Regelung des eigenen Geldes verwehrt sein soll – ein Thema im Übrigen, das uns in Zukunft durchaus noch zu beschäftigen haben wird –, und abgesehen auch von dem nicht wenig zimperlichen Umgang mit Steuergeldern von Seiten der Staatsorgane selbst, wird mit dieser Behauptung, es gehe hier um eine Haushaltsfrage, der inhaltliche Kern dieser Volksinitiative einfach übergangen, so nämlich, als seien wir alle zu dumm, das zu merken.

Als besonders dreist aber muss schon der Haushaltsgesichtspunkt als solcher beurteilt werden, wenn man nämlich in Rechnung stellt, dass unter allen denkbaren Schulsystemen das staatlich dirigierte das unter dem Strich ruinöseste ist. Nicht nur wegen seines bürokratisch-zentralistischen Wasserkopfes, sondern weil es durch seine systematische Vernichtung menschlicher Kreativität und Motivation vom ersten Schuljahr bis hin zu Abitur und Staatsexamen die Kapitalgrundlage der Gesellschaft verwüstet. Wenn denn schon also nach der Verfassung ein Volksentscheid, der den Landesetat betrifft, nicht zulässig ist, dann hätte ich ihn mit dem Hinweis zurückgewiesen, dass dieser Etat durch ihn in einem schier unabsehbaren Ausmaß entlastet zu werden droht. Der Logik die Ehre, die ihr gebührt, damit endlich in so einer Zuschauer-Demokratie auch Freude aufkommt – wie gesagt: die Lust an der Kunst!

Immerhin, wir haben dazugelernt. Wenn schon die Initiative selbst nicht darauf gekommen ist, hat uns auf diese Einsicht, dass die Schul- und Bildungsfrage in der Tat eine elementar volkswirtschaftliche und an ein (im Übrigen: demokratisches) Geldwesen geknüpfte ist, der gegnerische Block gestoßen. Man sieht, je gründlicher jenes Bild untersucht wird, stellt es sich nur als um so stimmiger und umfassender heraus. Auch also seinem hässlichen Gegenbild sei Dank!

Ein wechselseitiger Freiheitsimpuls

Was aber den zur Sprache gebrachten inneren Zusammenhang der Prinzipien „Schule in Freiheit" und direkte Demokratie betrifft, die beide – im Verbund mit dem soeben ins Spiel gekommenen ökonomischen als drittem – Wesensbestandteile der Gesellschaft als einer „Sozialen Plastik" (Joseph Beuys) sind, ist es vielleicht noch hilfreich, einen weiteren Gesichtspunkt anzuführen. Dieser betrifft noch ein weiteres Mal das anthroposophische Innenfeld. Dass das von der Aktion „Schule in Freiheit" initiierte Volksbegehren ein originär anthroposophisches Anliegen unmittelbar mit dem demokratischen Volkswillen im Ganzen verknüpft und damit buchstäblich eine „Innen-Idee" mit der Außenwelt in eins verschmilzt, ist ja bereits angeklungen.

Nun sind hier mindestens zwei Einwände von Seiten „eingeweihter" Kreise zu erwarten, die womöglich auch ihre Zurückhaltung, wenn nicht sogar ihre definitive Ablehnung so eines „politischen" Vorgehens erklärlich machen. Der erste Einwand könnte sein, dass das Prinzip der freien Schule, einem in jeder Hinsicht unvorbereiteten Volk so unvermittelt und direkt zur Verwendung freigegeben, zu einem Desaster führen muss. Vor jeglicher wie hier in Anspruch genommenen Rechtszuständigkeit stehe die Bedingung von Einsicht und Befähigung, also die Notwendigkeit einer gründlichen Schulung nach „menschenkundlichen" Gesichtspunkten. – Der zweite Einwand ergibt sich direkt aus dem ersten, er kann als dessen „anthroposophische Verschärfung" angesehen werden. Nicht also bloß ein so genanntes „freies" Schulwesen komme in Wahrheit in Betracht, sondern im Grunde nur die Waldorfschulen.

Dass beide Einwände aus nichtanthroposophischer Sicht, insbesondere der zweite, als abstrus empfunden werden müssen, wird man schwerlich abstreiten können. Man hüte sich aber vor der wohlfeilen Begründung, dass eben die Begründung solcher Einwände nur aus der Anthroposophie selbst zu haben sei. Gerade das Zwingende dieser Logik treibt sie zwangsläufig in den Teufelskreis des Hochmuts und Sektierertums, für das die Welt – sagen wir getrost: die Außenwelt – ein sehr waches Auge hat, dafür und für vieles andere mehr.

Es mag für manch einen absonderlich klingen, aber Tatsache ist, dass dieses wache Auge der „Außenwelt" der Schlüssel für den Fortbestand des anthroposophischen Impulses überhaupt ist. Das von der Anthroposophie selbst entdeckte Prinzip der Umstülpung muss sie auf sich selbst anwenden, sonst ist sie verloren. Wenn es denn zutrifft, dass der Geist im Verharren im abgeschotteten Innenfeld verdorrt und also hinaus muss, so gilt auch das Umgekehrte, dass er durch das Außen auf sich selbst gestoßen wird. Insofern ist eine Volksabstimmung für ein freies Schulwesen, aus guten Gründen von einem Waldorflehrer und Menschen seines Umfelds angezettelt, nicht etwa nur ein „profanes" Mittel zum „anthroposophischen" Zweck – das wäre in der Tat eine zum Scheitern verurteilte Missgeburt. Nein, sie versorgt die Anthroposophie selbst mit Freiheitsgeist, mit dem Christusgeist der Welt selbst und dem Energie- und Wärmeanteil auch und gerade des „Außenfelds", ohne den jene hoffnungslos zu ersticken droht.

So kehrt sich zumindest jener zweite Einwand, nach dessen Maßgabe es nicht um ein freies (d.h. für jegliche Schul-Idee offenes) Schulwesen, sondern vielmehr um Waldorfschulen gehen soll, gegen sich selbst. Gerade die Waldorfschulen, wo es bekanntlich und immer mehr hinten und vorne hapert, brauchen dringend diese Freiheitszufuhr von außen; diese ist nämlich dann, wenn sie als eine innerliche Not erkannt wird, keine bloß äußerliche Freiheit mehr.

Und was den ersten Einwand betrifft, dass allerdings zum Gelingen substantieller Freiheit wirkliche Vorbereitung und Schulung Bedingung ist, dass also ohne solche Schulung so genannte „freie Schulen" nicht nur inhaltsleer, sondern sogar verheerend wären, ist dazu – zumindest erst einmal – ja nur zu sagen, dass mit genau demselben Argument ja auch der Staat kommt und deswegen auf seiner Oberaufsicht und Obhut besteht. Hieran erkennt man schlagartig, dass – ich komme noch einmal mit der goldenen Regel – das beste Argument das schlechteste ist! So sitzt man denn in der Falle – fürwahr ein michaelisch interessanter Fall!

Die Freiheit ist ein verzwicktes Ding; zwar bedarf sie als Fähigkeit wie keine Fähigkeit sonst gründlichster Schulung, aber genau eben das, was da geschult werden soll, setzt sich selbst als Bedingung voraus. Freiheitsschulung – übrigens auch Demokratieschulung – ist Schulung aus der Zukunft her, woraus sich der ebenso geheimnisvolle wie sonderbare Schluss ergibt, dass jene Volksabstimmung für ein freies Schulwesen (deren Ausgang im Übrigen ja noch in den Sternen steht, falls sie überhaupt zustande kommt) aus wahrhaftig guten Gründen abgelehnt werden kann, weil ihr die Bedingungen noch fehlen, dass aber diese Bedingungen deswegen fehlen, weil uns die Volksabstimmung fehlt – sie und die „Schule in Freiheit". Der Drache dreht sich um den Schatz im Kreis und frohlockt, solange wir ihn nicht anstechen – egal wo, aber am besten mitten ins Herz.

Eins jedenfalls steht für mich fest: Solange der Anthroposoph nur die Waldorfschule als Bedingung für die spirituelle Begründung so einer Volksabstimmung gelten lässt und nicht – umgekehrt – diese Volksabstimmung als Bedingung für die spirituelle Neubegründung der Waldorfschul-Idee, ist er noch gar keiner. Ich bitte um Entschuldigung.

Die Schlüsselfrage der Demokratie

Um Entschuldigung aber bitte ich noch viel mehr alle Nichtanthroposophen für solche in ihren Augen wahrhaftig ans Obskure grenzenden Spezialhinweise! Aber vielleicht ist es ja auch für sie einmal reizvoll, über ihren eigenen Gartenzaun hinüber in dermaßen fremde, sogar befremdliche Gefilde zu schauen, und vielleicht würdigen sie ja wenigstens, dass ich mich da doch ganz tapfer geschlagen habe.

Auf einen Punkt aber – Anthroposophie hin, Anthroposophie her (jetzt geht es um die Kunst, um sie und ihren erweiterten Begriff) – muss ich hier noch hinweisen, weil er womöglich der wichtigste ist. Er betrifft die Rolle des Staates als Rechtsorgan der Gesellschaft in zweierlei Hinsicht, einmal hinsichtlich des Schulwesens, dann aber auch hinsichtlich der direkten Demokratie. Hinsichtlich der direkten Demokratie liegt es auf der Hand, dass diese den Staat aus seiner unheilvollen Umklammerung und Beherrschung durch das Parteienunwesen zu befreien sich anschickt. Damit löst sie auch die Demokratieforderung ein, dass die Mehrheit des Volkes zu bestimmen habe.

Zwar berufen sich gerade auch die Parteien auf das Mehrheitsprinzip, das ja bekanntlich durch die Wahlen eingelöst wird. Historisch mag das seine Richtigkeit haben, in der Gegenwart aber fällt zunehmend ins Gewicht, dass sich die Mehrheit durch die Parteien, die Parteien generell, gar nicht mehr vertreten fühlt. Innerlich nicht und auch, was die durch die Parteienmethode zu Stande gebrachten Ergebnisse betrifft, nicht. Die Wahlen werden in Ermangelung einer Alternative – wie es z.B. Volksabstimmungen wären (deren Einsatz aber durch die Parteien fast vollständig, auf Bundesebene vollständig, verhindert wird) – zunehmend als Nötigung empfunden. Mit anderen Worten, es darf als zweifelhaft angesehen werden, ob unser Staat überhaupt noch das von der Mehrheit getragene, demokratische Rechtsorgan ist und nicht vielmehr eine Parteiendiktatur.

Soweit der Aspekt „Mehrheit" hinsichtlich der Demokratie, auf die sich der Staat beruft. Aber das Prinzip Demokratie hat außer dem Mehrheitsaspekt vor allem auch noch den Aspekt der Gleichberechtigung. Beide Aspekte werden nicht genügend klar unterschieden, so dass sie zu einem Einheitsbrei verkommen, der mit dem Wesen der Demokratie nur verwechselt wird und dazu beiträgt, dass aus der Politik- und Parteienverdrossenheit, ehe man sich's versieht, Demokratieverdrossenheit wird.

Damit komme ich zu der Frage nach der Rolle des Staates hinsichtlich des Schulwesens. Diese Frage ist gewissermaßen die Schlüsselfrage der Demokratie. Denn an ihr kann man den Unterschied zwischen dem Prinzip „Mehrheit" und dem Prinzip „Gleichberechtigung" deutlich erkennen. Wie nämlich der Mehrheitsaspekt durch die Beherrschung des Staates durch die Parteien ausgehöhlt wird, so wird der Gleichberechtigungsaspekt durch die Beherrschung des Schulwesens durch den Staat ausgehöhlt und in die Gleichmacherei, in Mittelmaß und Zentralismus pervertiert. Ebenso wenig, wie die Parteien den Staat beherrschen dürfen, darf der Staat das Schulwesen beherrschen – beides widerspricht der Demokratie (die übrigens, falls das vergessen worden sein sollte, auf dem Freiheitsprinzip basiert). Die Zuständigkeit des Staates, sofern dieser sich als „demokratischer Rechtsstaat" bezeichnet, kann im Hinblick auf das Schulwesen nur die Sicherung und den Schutz der Gleichberechtigung der Schulen betreffen, also die Sicherung ihres Freiheitsrechts. Der Aspekt „Mehrheit", gar der der Macht der Mehrheit, hat hier überhaupt nichts zu suchen.

Wer das erkannt hat, begreift auch, dass die Demokratie doppelt bedroht ist – einmal durch die Parteienherrschaft über den Staat und dann durch die Staatsherrschaft über die Schulen. Von einem „demokratischen Rechtsstaat" kann also in zweifacher Hinsicht heute nicht die Rede sein; der „Drache", mit dem wir es hier zu tun haben, ist ein Doppeldrache – bildlich gesprochen. Fazit? Die hier zur Debatte stehende Initiative „Schule in Freiheit" ist nicht nur wichtig für die Schule in Freiheit, mindestens so wichtig ist sie auch für die Erneuerung des Rechtsstaats, womit sich der Kreis (um den Doppeldrachen) geschlossen hat und woran man sehen kann, dass das von Henning Kullak-Ublick und den Seinen in Schleswig-Holstein initiierte Volksbegehren mit dem Ziel einer Volksabstimmung nicht nur ein dringend erforderliches Instrument einer ganz neuen Runde ist, sondern nicht zuletzt auch ein Meditationsgegenstand allererster Güte.

„Es handelt sich darum, dass wir hier lernen, praktisch zu denken, und dass wir dann auch zu praktischen Taten kommen. Als die Waldorfschule begründet worden ist, habe ich gesagt: Die Waldorfschule ist schön; aber damit, dass wir die Waldorfschule begründet haben, ist noch nichts getan auf diesem Gebiete. Es ist höchstens ein allererster Anfang gemacht. Sogar nur der Anfang eines Anfangs. Die Waldorfschule haben wir erst begründet, wenn wir im nächsten Vierteljahr zu zehn neuen solcher Waldorfschulen den Grund gelegt haben und so weiter. Dann erst hat die Waldorfschule einen Sinn [...]. Es hat nur dann einen Sinn, wenn es aus der richtigen praktischen Gesinnung heraus ersprießt. Dies fehlt, wenn diejenigen, die schwärmen für die Ideen der Waldorfschule, nicht einmal soviel Verständnis entwickeln, dass ja dazu gehört, Propaganda zu machen gegen die Abhängigkeit der Schule vom Staat – mit allen Kräften einzutreten, dass der Staat die Schule loslässt. Wenn Sie nicht den Mut dazu bekommen, die Loslösung der Schule vom Staat zu erstreben, dann ist die ganze Waldorfschul-Bewegung für die Katz. Denn sie hat nur einen Sinn, wenn sie hineinwächst in ein freies Geistesleben."

(Rudolf Steiner in einem Vortrag, gehalten in Dornach am 12. 10.1920. In: Vertiefung der Dreigliederungsidee, Bd. 3. GA 337b, S. 117 f.)

Schule und Staat – ein problematisches Verhältnis

Stefan Leber*

1. Ein soziales Grundproblem

Dass zwischen Schule und Staat, zwischen dem Reifungsvorgang des Menschen und dem Herrschaftsanspruch des Staates, eine unauflösbare, entwicklungsschädigende Spannung liegen kann, wird kaum gesehen. Lediglich bei totalitären Regimen wird in der Regel mit den Fingern auf dieses Problem gewiesen, selbst glaubt man sich von diesem Spannungsverhältnis frei, werden doch die Lehrziele, die schulische Grundordnung in den üblichen demokratischen Entscheidungsverfahren bestimmt. Doch auch in den demokratisch verfassten Ländern ist es so, dass der Staat seinen Herrschaftsanspruch gegenüber dem Erziehungswesen geltend macht, um Gemeinschaftsziele durchzusetzen. Könnte es nicht sein, dass diese Durchsetzung gerade gegen die persönliche und individuelle Entwicklung erfolgt? Sicher kann diese Durchsetzung behutsamer oder brutaler geschehen, das aber ist lediglich eine graduelle, keine prinzipielle Frage.

Die grundsätzliche Frage lautet: Wie kann diese Spannung gemildert oder gar aufgehoben werden? Denn damit ist keineswegs gemeint, Erziehung sei von jedem gesellschaftlichen Einfluss freizuhalten – das wäre eine Illusion –, sondern dass der gesellschaftliche Einfluss kein vom Staat vermittelter und seinem Herrschaftsanspruch dienender sein dürfe. Vielmehr hat sich Erziehung und ihre Gestaltung zuförderst am Menschen selbst und dann an den sozialen Bedingungen, zuletzt aber, wenn überhaupt, an der Herrschaft zu orientieren. Das mag zugespitzt formuliert sein, betrifft aber einen notwendig zu erreichenden und herbeizuführenden sozialen Gestaltungszusammenhang. Doch wer kann diese Orientierung am Menschen am besten bewirken? Doch wohl die Betroffenen selbst. Dies zu realisieren hieße, einen Schritt zur *Bürgergesellschaft* hin zu tun.

---

* **Stefan Leber,** geb. 1937. Politologe und Dozent für Waldorfpädagogik an der Freien Hochschule Stuttgart, Seminar für Waldorfpädagogik, und Mitglied im Vorstand des Bundes der Freien Waldorfschulen. Neben pädagogischen und schulpolitischen Aufgaben ist er in der Förderung und Weiterentwicklung der anthroposophischen Sozialwissenschaften tätig. Zahlreiche Buchveröffentlichungen.

2. Geschichtliche Umbrüche – Ausdruck künftigen Werdens

Im Blick auf die Geschichte wird der Zusammenhang deutlich. Immer wenn gesellschaftliche Umbrüche erfolgen, zeigen sie sich in den dann behandelten Themen, worum ein Volk oder eine Gesellschaft ringt, weil die soziale Gestaltung und die erreichte Empfindung oder Bewusstheit, d.h. das ausgebildete Gespür für das, was fällig wäre, nicht übereinstimmt. In der Themenformulierung, die oft noch unscharf ist, kündigt sich das für die Zukunft an Gestaltung Notwendige an.

a) Entstehung des Staates

An der Wende vom ausgehenden Mittelalter zur Neuzeit entsteht der Staat, der Staat als Machtapparat, der die Anliegen der Gemeinschaft wahrzunehmen hat. War bis dahin ein großer Teil des sozialen Lebens durch Tradition oder durch die beiden konkurrierenden Instanzen Kirche und Reich (Herrscher) geregelt, so tritt nun mit dem modernen Staat der absolute Anspruch auf, alles gesellschaftliche Leben universal zu regeln. Zunächst braucht es Zeit, bis die Zentralisierung der Macht tatsächlich geschaffen wird – symptomatischer Ausdruck dafür ist ein stehendes Söldnerheer. Dieses Heer muss, um dem Gegner überlegen zu sein, über entsprechende Waffen verfügen. Das setzt wieder zwangsläufig voraus, dass eine entsprechende Forschung für das Kriegshandwerk betrieben wird, wie die Einrichtung entsprechender Werkstätten (Manufakturen) zur Herstellung von Waffen durch den Staat, Lehranstalten für das Kriegshandwerk (Kriegsakademien), Forschungsanstalten für Naturwissenschaften (Akademien). So wird der Staat aus seinem Herrschaftsanspruch heraus Organisator weit reichender gesellschaftlicher Entwicklungsprozesse: der Industrialisierung einerseits, und er wird damit dann auch zuständig für die Ausbildung des notwendigen Fachwissens andererseits. Dies kann in der Industrie nicht mehr wie bisher durch Nachahmungslernen vermittelt werden, sondern erfordert eine eigene Organisation.

In Preußen wird 1792 durch das Allgemeine Preußische Landrecht die Schule als „Veranstaltung des Staates“ erklärt, wie es bisher Kasernen und Gefängnisse waren. Fortan kann die Kirche nur ergänzend, freilich gut begründet durch Gewohnheitsrecht, an der schulischen Bildung mitwirken. Sowohl für die schulische wie die hochschulische Bildung entwickelt der Staat „Regulative“. Die Entwicklung, wie sie in Preußen sichtbar wird, gilt für alle deutschen, man kann sagen, nahezu alle europäischen Länder mit entsprechender Abwandlung.

Mit der Französischen Revolution wurde erstmals für die politischen Eliten deutlich, dass der Einzelmensch gegenüber dem Machtstreben des Staates ganz eigene unveräußerliche Freiheitsrechte hat, die es zu sichern gilt. Umschließt die Freiheit und die Selbstbestimmung im Hinblick auf den Glauben und die Meinung aber auch die Selbstbestimmung des Bildungsganges der eigenen Kinder? Und schließt die Freiheit für den eigenen Bildungsgang auch die Selbstbestimmung des pädagogischen Tuns durch die pädagogisch Tätigen ein? Das müsste sie doch wohl. Doch diese Fragen wurden nur gestreift, und sie sind bis heute nicht geklärt.

Wir stoßen hier auf gesellschaftliche Wandlungsprozesse, die die Bewusstwerdung des Vorgangs hindern. Die sich ausbreitende Staatsmacht wird in die Schranken gewiesen vom Bürgertum, das seine eigenen Freiheitsrechte der Staatsmacht abfordert. Werden ihr diese gewährt – und dies ist in einem gewissen Umfang in Preußen seit den Stein-Hardenbergschen-Reformen der Fall –, so ist das Bürgertum in seinem Freiheitsverlangen befriedigt. Einerseits kann es sich das Bürgertum leisten, den Bildungsgang der eigenen Kinder frei zu wählen, indem es städtische oder nichtstaatliche Schulen mit langer Tradition gibt, andererseits gewinnen immer mehr Mitglieder des Bürgertums Anteil am Machtsystem des Staates, sei es über Mitwirkungsrechte oder durch Beamtenstellen. Die Mehrheit der Bevölkerung, nämlich die Bauernschaft und das beginnende Proletariat, stellt zunächst keinerlei politische Kraft dar. Wenn sie Forderungen zu stellen gehabt hätte, dann hätten sich diese sicher nicht auf Schulwesen und Bildungsverfassung gerichtet, sondern es wäre ihnen ganz schlicht um die Verbesserung des elementaren Lebensstandards gegangen.

b) Einsprüche gegen Vereinnahmung der Bildung durch den Staat

Gleichwohl ging ein bedeutender Strom durch das 19. und 20. Jahrhundert, der sich der Mediatisierung, d.h. des Abhängigmachens der Bildungsprozesse von Herrschaftsinteressen, bewusst blieb: Er hebt mit Wilhelm von Humboldt an, der in seinem „Versuch, die Grenzen der Wirksamkeit des Staates zu bestimmen“, den Einfluss des Staates auf Bildungsprozesse ablehnt. Obgleich als Minister anderen Kräften ausgesetzt, schreibt Humboldt dennoch an seinen Mitarbeiter Uhden: „Man muss so viel Freiheit lassen als möglich. In Schulsachen muss das Regieren so viel als möglich ganz eingehen [im Sinne von erlöschen oder verschwinden]."[1] An anderer Stelle schreibt er: „Der (in England freilich, aber aus anderen Gründen, zum Verderben aller Schulen ausschlagende) Grundsatz, dass der Staat sich um das Schulwesen gar nicht einzeln bekümmern muss, ist an sich, einer konsequenten Theorie der Staatswissenschaft nach, gewiss der einzig wahre und richtige." (So an seinen Kabinettschef, ebd.)

c) 1848

Humboldts Hoffnung, dass die Staatsaufsicht allmählich eingehe, blieb begründete, aber doch fromme Hoffnung; ganz im Gegenteil entfaltet sich diese Staatsaufsicht kräftig und wird wohlgenährt. Sogar der auf eine vorangegangene Revolution sich abstützende demokratische Verfassungsentwurf von 1848/49 schreibt stramm vor: „Das Unterrichts- und Erziehungswesen steht unter der Oberaufsicht des Staates und ist [...] der Beaufsichtigung der *Geistlichkeit* als solcher enthoben." Darin setzt sich der absolutistische Anspruch fort, der jenen zentralen Bereich gesellschaftlicher Gestaltung, das Schulwesen, den überlieferten Kräften der Kirche entzieht und damit, streng genommen, auch davon emanzipiert. Die Emanzipation von der Kirche mithilfe des Staates steht also im Vordergrund; dass der Staat selbst auch wiederum neue Abhängigkeiten zu schaffen vermag, aus denen erst ein radikalerer Schritt der Befreiung herausführen kann, wird freilich noch nicht zureichend bemerkt. Das ist allerdings so formuliert nicht korrekt, denn während die Verfassungsväter diese Verfassungsgestaltung ausfeilen, die lediglich Entwurf bleiben wird, konzipiert weit zukunftsgreifender ein mit den Verhältnissen wirklich Vertrauter: Der Abgeordnete Pauer aus Neiße mahnt bereits 1848 in der Paulskirche eine notwendige Umkehr an:

„Die Schule, wenn sie recht ihren Zweck erfüllen soll, muss den Menschen frei aus der Urquelle heraus entwickeln, ehe er in seinem Geiste, seinem Leben lebendig fühlt. Soll die Schule dieses Ziel erreichen, so muss sie in einer freien Lebensatmosphäre atmen dürfen, die frei ist von jedem Nützlichkeitsprinzip, die frei ist von einem kirchlichen Prinzip und frei ist von einem vorausgestellten staatlichen. Das Leben und unsere ganze Zu-

[1] Zit. nach: Spitta, Dietrich: Wilhelm von Humboldt über das Verhältnis von Schule und Staat. In: *Die Drei,* 2/1960, S. 89 ff.

kunft verlangen ein Geschlecht, dem nicht von vornherein ein abgegrenztes und vereinzeltes Ziel der Ausbildung gesteckt ist. Alles, was wir schaffen, was die Menschheit erstrebt, findet seinen letzten Schutz in dem reinen Boden der Menschheit. Darum wollen wir die Jugend schützen sowohl vor dem überwiegenden Einfluss der Kirche oder vielmehr der Geistlichkeit als auch vor dem Einfluss irgendeiner politischen Ansicht, die der Staat für sich geltend machen könnte.

Die Jugend muss den Lehrer so frei vor sich stehen sehen, dass sie aus seinen Worten, aus seinen Blicken erkennt, dass er immer nur sein Eigentum bietet. Der Lehrer hat der Jugend nicht bestimmte Dinge zur Abrichtung vorzuführen. Der Lehrer hat, wenn er seinen Beruf recht erfüllt, sich selbst der Jugend hinzugeben. Derjenige Lehrer ist aber nicht berufen für sein Amt, welcher der Jugend nichts zu geben weiß als Kenntnisse. Auf solche Weise wäre die Jugend sehr leicht zu unterrichten, das verstünden dann gar viele.

Das Erziehungswerk und das Unterrichtswesen, wenn sie richtig aufgefasst werden, haben einzig und allein Grund und Boden, dass der Lehrer im Stande ist, sein frei entwickeltes inneres Selbst der Jugend vorzuführen. Vermisst er in sich ein tief begründetes Wissen oder einen selbständig entwickelten Charakter, der ihm aus Blick und Haltung spricht, dass die Jugend an demselben den ihrigen stärken kann, dann betrachte ich sein Unterrichts- und Erziehungshandwerk als verfehlt.

In diesem Sinne wünsche ich, dass die Schule in einer reinen Lebensatmosphäre erhalten werde. Wenn Sie die Freiheit des Volkes wollen, so schaffen Sie in diesem Sinne freie Schulen."[2]

Kehren wir zum Verfassungsentwurf der Paulskirche zurück, dort heißt es dann neben der geforderten Staatsaufsicht weiter, die Freiheit des Bürgertums sichernd, in § 154: „Unterrichts- und Erziehungsanstalten zu gründen, zu leiten und an solchen Unterricht zu erteilen, steht jedem Deutschen frei, wenn er seine Befähigung der betreffenden Staatsbehörde nachgewiesen hat. Der häusliche Unterricht unterliegt keiner Beschränkung." Ferner soll nach § 155 der Staat für die Bildung der deutschen Jugend dadurch Sorge tragen, dass er für „öffentliche Schulen überall genügend" sorgt.

Immer wieder erneuern die Einsichtigen während des nachfolgenden 19. Jahrhunderts die Forderung nach der Staatsfreiheit des Schulwesens.

---

2 Zit. nach: *Fragen der Freiheit,* Nr.193/194, Juli/Aug., Sept./Okt. 1988, S. 56 ff.

Doch vergeblich. Verschiedene Vorschläge werden unterbreitet, wie Schule verantwortlich betrieben werden könne, so etwa durch Dörpfelds (1824–1893) vielbeachtete Gedanken der Schulgemeinde, wonach sich, um Schule zu betreiben, zu finanzieren sowie die Lehrer zu berufen, freie Bürgerzusammenschlüsse – Schulgemeinden – konstituieren sollen. Dadurch könne die notwendige Freiheit gesichert werden. „Das erste Gebrechen, woran das bestehende Schulwesen leidet, ist die bürokratische Form des Schulregiments [...]. Kein Zweig des öffentlichen Lebens (mit Ausnahme der Armee und der Post) [wird] so bürokratisch regiert".[3] Adolf Lasson schreibt 1871: „Die Schule ist eine zu vollkommener Selbständigkeit bestimmte Lebensmacht; sie soll sich selber von innen her aufbauen [...]."[4]

In Deutschland bleibt indes das preußische Muster – wie in anderen Ländern auch –, nämlich die Abhängigkeit vom Staat, für die weitere soziale Entwicklung vorbildgebend, und es scheint unabhängig von der sachbezogenen Kritik aller Kenner doch der politisch gestaltenden Mehrheitsauffassung zu entsprechen, jener Mehrheit, die einerseits durch das Machtinteresse des Staates, andererseits vom Bürgertum vertreten wird. Geschichtlich spielt die Reichseinigung von 1870/71 im Hinblick auf die in Frage stehende Problematik keine Rolle. Es wird das fortgeschrieben, was sich entwickelt hat.

3. Ringen im 20. Jahrhundert

Neues ereignet sich dann am Ende des Ersten Weltkrieges. Unbewältigte innere Gestaltungsprobleme, neue Konfliktpotentiale wie die Heraufkunft der Arbeiterschaft, wurden durch den Krieg nach außen abgeleitet. Der Zusammenbruch der bisherigen Herrschaft der Monarchien war offenkundig. Doch wie soll das soziale Leben in der Zukunft gestaltet werden, wie soll die machtvoll in Erscheinung getretene Arbeiterschaft eingegliedert werden? Welche Rechte soll sie bekommen? Ihr liegen Fragen des Achtstundentages mehr am Herzen als die Wahl des Staatsoberhauptes oder Bildungsfragen. In einer neuen Verfassung sollen alle ungelösten Probleme geregelt werden, die sich im revolutionären Aufbruch und in den Straßenkämpfen zwar sichtbar machen, aber sich doch nicht sehr genau

3 Berg, Christa (Hg.): Staat und Schule oder Staatsschule: Stellungnahmen von Pädagogen und Schulpolitikern zu einem unerledigten Problem, 1789-1889. Königstein.

4 Vgl. Leber, Stefan: Die Sozialgestalt der Waldorfschule. Stuttgart 1991, S. 34 ff.

beschreiben ließen. Dass die Verfassung eine Beteiligung der gesellschaftlich zwar wichtigen, aber bisher von der politischen Willensbildung ausgeschlossenen Gruppen bringen müsste, war unstrittig. So kam es zum Frauenwahlrecht und auch in Preußen zum gleichen, allgemeinen und geheimen Wahlrecht.

Marginal, aber erstaunlich war, mit welcher Wucht neben allen sozialgestalterischen Fragen (Sozialisierung, Achtstundentag u.a.) in den Beratungen der Weimarer Nationalversammlung die Fragen der künftigen deutschen Schulverfassung aufbrachen. Die sonst üblichen organschaftlichen Gestaltungsfragen wurden zweitrangig – gemessen an dem Streit um die künftige Gestaltung des Schulwesens –, ein erstaunlicher Vorgang! Übereinstimmung bestand bei allen Parteien darin, dass die Gestaltung des Schulwesens von der Verfassung zu regeln sei. Niemand konnte sich 1919, nach 200 Jahren obrigkeitsstaatlicher Tradition, freilich etwas anderes denken, als dass Schule der Aufsicht des Staates unterstellt sein müsse. Dadurch also ergab sich keinerlei Kontroverse zwischen den verschieden Parteien, deren gegensätzliche Positionen von Sozialdemokraten und katholischem Zentrum vertreten wurde.

Erstaunlich ist bei dieser Diskussion wiederum, daß sie nichts von dem seit der Jahrhundertwende sich breit entfaltenden Reformdiskussionsstrom aufgriff, welcher eben auch den Gedanken der Staatsunabhängigkeit des Schulwesens immer wieder zu Tage gefördert hat. In die Verfassungsberatung ging nichts von diesem Gesichtspunkt ein. Vielmehr spült die Revolution ganz andere Tiefenschichten an die Oberfläche: einerseits den durch nahezu zwei Jahrtausende gewachsenen und verfestigten Anspruch der Kirche, um des Heilsgeschehens willen über die Bildung des Kindes und damit über Schule verfügen zu müssen, und andererseits – in Aufruhr dazu befindlich – die Sozialdemokratie, die sich als die Vertretung des unbehausten, aber emanzipierten Menschen verstand, der seinen sozialen Status – unabhängig auch von Traditionen – erst noch sucht.

Strittig war dann in der Weimarer Nationalversammlung vom Januar bis Juli 1919 immer aufs Neue, wie die Einheitsschule – allein auf diese Vokabel konnten sich die großen Parteien verständigen – aussehen sollte: weltlich, wie es nach dem unseligen Bündnis von Thron und Altar die sozialdemokratischen Parteien forderten, christlich, wie dies das Zentrum verlangte, oder „organisch“, wie es die Liberalen und Konservativen anstrebten, d.h. Fortführung des überlieferten, im 19. Jahrhundert herausgestalteten dreigliedrigen Schulsystems. Die Weimarer Schulkompromisse führten dazu, dass die eigentliche Gestaltungsaufgabe für ein nie erlassenes Reichsschulgesetz vorbehalten blieb und auf diese Weise das überlieferte Schulwesen sich also „organisch" forterben konnte, unbeschadet dessen, ob es den Verhältnissen des 20. Jahrhunderts angemessen war oder nicht.

Im Übrigen orientierte sich die Weimarer Nationalversammlung an dem Verfassungsentwurf der Paulskirche und unterstellte ganz traditionell die Schule der Aufsicht des Staates, wobei im damaligen Rechtsverständnis nicht nur die juristische oder Rechtsaufsicht über die Einhaltung der Verfassungsbestimmung (der Menschenrechte usw.) gemeint war, sondern vor allem die Fachaufsicht und der Gedanke, dass der Staat Schule selbst betreiben müsse. Als Ausnahme von der Regel wurden freie Schulen zugelassen. In der damaligen Terminologie war das, was der Staat macht, selbstredend öffentlich, und was er nicht macht, privat.

Die Weimarer Verfassung gab nun den Rechtsrahmen für die nachfolgende Entwicklung ab. Als 1933 die Nationalsozialisten die Macht übernahmen, brauchten sie, um das Schulwesen auf ihre Ideologie umzustellen und damit „an der Zukunft zu bauen", gesetzlich keinerlei Änderung vorzunehmen. Denn nun war offenkundig, was Marx als Verdächtigung schon ein Menschenleben zuvor formuliert hatte, dass nämlich der Staat keineswegs Diener des Allgemeinen, selbstloser Heger gesellschaftlicher Interessen im Sinne des Gemeinwohls ist, sondern nackte Machtinteressen von Gruppen vertritt, also kurz: ideologisch sei. Ideologie wurde pur vermittelt. Der neue Mensch sollte über die Schule gebildet, gezüchtet werden.

Auch hier erwies sich, dass die Absichten, wie der Mensch sein und werden soll, vom freien Geist des Kindes nur bedingt mitgemacht werden. Und dennoch, die Verirrungen und Deformationen des Bewusstseins durch Ideologie waren verheerend genug. Eindeutig aber war nun nachgewiesen, dass der Staat nicht schon allein deshalb, weil er Staat ist, Sittlichkeit, Ethik und Gemeinwohl gewährleistet.

1919 wurde, der Staatsunabhängigkeit verpflichtet, die Waldorfschule begründet. Sie verwirklichte den Einheitsschulgedanken, den alle Parteien propagierten, an dessen Ausformung sie sich aber zerstritten. Daneben entstanden aus reformpädagogischen Ansätzen einige Landerziehungsheime. Sie hatte sich, kaum ins Leben gerufen, staatlicher Eingriffe zu erwehren. Zunächst erhielt sie das Verbot, Kinder in die Klassen 1–4 aufzunehmen. Dann gab es Auseinandersetzungen um Lehrergenehmigungen und um Prüfungsabschlüsse. Jede Schule, die nicht dasselbe macht wie der

Staat, die also gerade deshalb wertvoll ist, weil sie anderes unternimmt, wird von diesem diskriminiert, wenn es um Abschlüsse geht. Bietet sie keine Abschlüsse an, die sonst die Regel sind, so ist sie ohnehin gesellschaftlich isoliert, d.h. diskriminiert. Bei den Abschlüssen nimmt der Staat die Freiheit, die er zuvor widerwillig aus Tradition oder aus Verfassungsnormen heraus gewährte, mit Freuden weg. Da werden keine eigenen Curricula, keine eigenen pädagogischen Konzepte, keine eigenen Lehrinhalte geduldet. Gleichheit heißt da die Parole. Wie beim Mähen des Rasens kommt es allein auf gleiche Höhe an.

Die Waldorfschule geriet 1933 sofort unter Druck. Es dauerte allerdings einige Zeit, bis der ideologisch ausgerichtete Staat mit seiner Bürokratie voll im Griff der neuen Machthaber war, die zudem mit der Machtübernahme zahlreiche Querelen untereinander auszufechten hatten. Die internen parteilichen Rivalitäten um Rang und Einfluss sicherten ganz nach Montesquieuschem Modell durch die entstandenen Reibungen Freiheiten, bis 1938 dann die Schulen entweder von sich aus oder zwangsläufig geschlossen wurden. Eine Versuchsschule, die Dresdener, sollte weiterhin bestehen bleiben, um zu sehen, welche Elemente diese Schule hat, die auch in einem nationalsozialistisch ausgerichteten Bildungssystem brauchbar sein könnten. Mit dem Flug von Hess nach England wurde auch die letzte Waldorfschule geschlossen, das Schulwesen war formal gleichgeschaltet.[5]

Mit dem Ende des Zweiten Weltkrieges stand neuerlich die Frage der politischen und gesellschaftlichen Gestaltung auf deutschem Boden an. Für die drei Westzonen gaben die Alliierten zwei Normen vor: den föderativen Aufbau und eine Demokratie westlicher Provenienz. Der Verfassungsentwurf von Herrenchiemsee sah keinen Artikel im Hinblick auf das Schulwesen vor. Erst im Parlamentarischen Rat wurde eher beiläufig diese Frage diskutiert. Die Verfassungsväter machten sich bewusst, dass, um vereinseitigte Herrschaftsinteressen im Schulwesen künftig nicht mehr durchsetzen zu können, konkurrierend freie Schulen notwendig seien. Noch immer wird dabei die Begriffssprache des 19. Jahrhunderts mit „öffentlich“ und „privat“ angewendet. Im Wesentlichen schrieb das Grundgesetz die Verfassung von 1848, also den Entwurf der Paulskirche, ab, während längere Debatten sich um die Frage des Elternrechts entspannen.

5 Vgl. Werner, Uwe: Anthroposophen in der Zeit des Nationalsozialismus 1933-1945. München 1999, S. 34-128, 205-264.

Indem zwei Artikel (6 und 7) Elternrecht und Schule getrennt behandeln, wird sichtbar gemacht, dass Schule eine Angelegenheit der Gesellschaft und nicht nur eine persönliche der Eltern darstellt. Es macht aufmerksam, dass konkurrierend zur Bestimmung der Erziehung durch die Eltern auch das Kind ein eigenes Recht am Bildungsvorgang hat. Wer soll dies aber vertreten? Doch wohl nur so, dass konkurrierende pädagogische Konzeptionen ein Angebot realisieren, das die Eltern für ihr Kind frei wählen; der Staat hat darüber zu wachen, dass dem Kind entsprechende Chancen zustehen. Wo die Angebote nicht zureichen, hat er subsidiär gleichrangig, aber nicht vorrangig Angebote zu schaffen. Dem Staat obliegt die Rechts-, nicht aber die Fachaufsicht.

Was für das Wirtschaftsleben heute selbstverständlich geworden ist, dass die Überwachung auf Sicherheit nicht dem Produzenten allein zusteht, sondern eigene technische Überwachungsvereine zu garantieren sind, ist im Schulwesen keineswegs selbstverständlich. Da herrscht noch die Situation, dass der größte Anbieter an schulischer Leistung, der Staat, zugleich die Konkurrenz beaufsichtigt und vorschreibt, welche Motoren, Karosserien usf. produziert werden dürfen und welche Farben zu verwenden sind. Im Übrigen haben sich die Verhältnisse in der werdenden Bundesrepublik ähnlich wie zur Weimarer Zeit fortgeschrieben, allenfalls nur geringfügig modifiziert, so das Problem der Lehrergenehmigung, der Abschlüsse u.ä.

In den Beratungen des Parlamentarischen Rates argumentierte der Abgeordnete Seebohm 1949, dass, wenn eine Sonderung der Kinder nach dem Besitzstand der Eltern an Privatschulen untersagt sei, zugleich auch eine Verpflichtung des Staates zur finanziellen Förderung der Privatschule bestehe. Sein Antrag wurde auf Grund von Voten, insbesondere des Abgeordneten Theodor Heuß, abgelehnt, der zwar mit Hinweis auf die Waldorfschulen die Errichtungsgarantie ganz entschieden vertrat, aber unterstellte, dass, wer sich die Freiheit nehme, eine besondere Schule – gleichsam als Luxus – für seine Kinder zu wählen, diesen auch bezahlen solle. Dabei war damals noch selbstverständlich, dass jede weiterführende Schule Schulgeld erhob; dieses war dann lediglich an Schulen in staatlicher Trägerschaft etwas geringer als an Privatschulen. Schon im Wort „privat“ schwingt einerseits das alte obrigkeitsstaatliche Denken fort, wie andererseits ein bildungsbürgerlicher Standpunkt, dass nämlich, wer etwas Besonderes in der Bildung wolle, dies auch bezahlen könne, weil er es eben, wie im Bürgertum üblich, auch zur Verfügung habe. Dem Gedanken der Einheitsschule allerdings widersprach diese Auffassung entschieden, denn sie zielt gerade auf die freie Zugänglichkeit für alle Bevölkerungsgruppen. Wer schafft da den finanziellen Ausgleich?

Doch nicht diese Frage war es, die eine Änderung bzw. eine entsprechende Regelung in der Verfassung bewirkt hätte, sondern die soziale Entwicklung, an der die Verfassungsnorm zu messen war. Es waren im Wesentlichen die Schulgeldfreiheit und der vielfältige Ausbau eines reichhaltigen allgemeinbildenden Schulwesens, die Bildung für den hoheitlichen Anbieter sehr teuer, aber billig, da kostenlos, für den Nachfrager machten. Wie sollte hier der private, besser und genauer: der unabhängige freie Träger mithalten, wenn es keine Zuschüsse aus den öffentlichen Haushalten gab? Die Bundesländer leisteten teilweise freiwillig, teilweise durch Gerichte dazu verurteilt, allmählich Zuwendungen.

Insbesondere das Bundesverwaltungsgericht erkannte in einer Reihe von Verfahren die Schere, die sich auftut, wenn das staatliche Regelschulwesen immer teurer wird bei zunehmend besserer Ausstattung, abnehmenden Schülerzahlen usw. einerseits, und dem Grundrecht der Errichtungsfreiheit andererseits. Sollte dieses Recht von Verfassungsrang nicht durch die Wirklichkeit ausgehebelt werden, so ließ sich – in Verbindung mit dem Sonderungsverbot – nur ein Ausweg finden, wenn eine Leistungspflicht aus dem Art. 7 GG abgeleitet wird. Diese Entscheidungen bestätigte schließlich das Bundesverfassungsgericht in seinem Finanzhilfe-Urteil vom 8.4.1987 grundsätzlich, wo den freien Trägern das Existenzminimum durch staatliche Subvention zugesprochen wird, was nicht ein Almosen darstellt, sondern die Kostenerstattung in dem Umfang, wie dies der Staat für seine Schüler auch aufzuwenden hat. In der Begründung finden sich bemerkenswerte Aussagen der Freiheitssicherung:

„Der Staat muss den schulischen Pluralismus auch gegen sich in der Weise garantieren, dass er auf eigenen Akten beruhende Beeinträchtigungen dieses Pluralismus durch staatliche Förderung neutralisiert. [...] Sollen solche Maßnahmen [Hebung des schulischen Standards und der Lehrerbesoldung] nicht indirekt zu einer durch Art. 7 Abs. 4 GG verbotenen Benachteiligung der Ersatzschulen führen, so muss der Staat sicherstellen, dass die Verwirklichung seiner bildungs- und sozialpolitischen Ziele nicht auf Kosten der Lebensfähigkeit des privaten Ersatzschulwesens geht." (II, c) „Kennzeichnend für die Privatschule ist, dass in ihr ein eigenverantwortlich geprägter und verantworteter Unterricht erteilt wird. [...] Die darin zum Ausdruck kommende Absage an ein staatliches Schulmonopol enthält zugleich eine der freiheitlich demokratischen Grundordnung entsprechende Entscheidung gegen eine Benachteiligung gleichwertiger Ersatzschulen im Verhältnis zu staatlichen Schulen allein wegen andersartiger Erziehungsformen und -inhalten." (II, 1.)

Diese Entscheidung lässt an Klarheit im Grundsätzlichen wenig zu wünschen übrig, die Probleme liegen im Detail. Insgesamt aber schreibt diese Entscheidung „ein Stück Rechtsgeschichte", es lässt sich sagen: Langsam, aber deutlich bewegt sich das Schiff zur Zukunftsinsel der Freiheit.

4. 2000 – und dann?

Wirtschaftlich einigt sich Europa. In zwei Jahren gibt es eine reale einheitliche Währung in einem knappen Dutzend europäischer Staaten. Kulturell soll in diesem Prozess die Selbständigkeit der Regionen gewahrt werden. Und doch sind die Freiheitsentwicklungen im Schulwesen sehr differenziert, man denke nur an Dänemark mit einem sehr liberalen und Freiheiten ermöglichenden Schulwesen. Aber auch Deutschland hatte Chancen: Durch den Zerfall des Staatssozialismus wäre es möglich gewesen, eine Verfassungsrevision durchzuführen, sie aber unterblieb aus unterschiedlichen Gründen, doch die bestehenden Probleme sind geblieben und werden künftig nur durch größere oder kleinere Schritte zu lösen sein. Nur muss man wissen, in welcher Richtung die Schritte zu gehen sind.

Durch leere Staatskassen kam die Frage nach größerer Effizienz und größerer Kostengünstigkeit in den letzten Jahren wieder in den Blick. Lag da nicht nahe, der Schule mehr Selbständigkeit zu geben, vor allem wirtschaftlich? So kam es nicht von ungefähr seit Beginn der 90er Jahre zu einer „Autonomiedebatte", wonach den einzelnen Schulen Freiräume – wenn auch meist sehr geringe, aber immerhin – der Selbstverwaltung eingeräumt werden sollen. Die größte Initiative ging von den Stadtstaaten aus, wirkte aber auch bis in einzelne Flächenstaaten hinein. Doch dies kann nur ein Schritt sein, mehr nicht. Das Ziel müsste sein, „dass allein eine bürgerschaftlich verfasste Schule, in der Eltern und Lehrer auf der Basis einer gemeinsamen Grundüberzeugung im Rahmen gesamtgesellschaftlich verbindlicher Zielvorgaben ein bestimmtes pädagogisches Schulprogramm eigenverantwortlich gestalten, den Anforderungen einer wert- und leistungsorientierten Bildung in einer pluralistischen Gesellschaft entspricht."[6]

---

6 Jach, Frank-Rüdiger: Schulverfassung und Bürgergesellschaft in Europa. Berlin 1999, S. 17.

„Die Bürgerverantwortung für das Bildungswesen kann sich hierbei auf zwei Ebenen konstituieren: einerseits durch eine stärkere Beteiligung der Eltern innerhalb der staatlichen Schule, andererseits durch die selbstverantwortete Wahrnehmung von Bildung und Erziehung in Schulen in freier Trägerschaft. Bürgerverantwortung umfasst nicht nur die Teilhabe an staatlichen Einrichtungen, sondern auch die selbstverwaltete Organisation von Bildungsprozessen in Schulen in freier Trägerschaft, insbesondere wenn diese durch ein besonderes pädagogisches Konzept ausgewiesen sind. Der Schulverfassung kommt hierbei die Aufgabe zu, den Schulträgern die notwendigen Selbstgestaltungsrechte zu sichern und unter Achtung des Grundsatzes der Chancengleichheit den Eltern ein Wahlrecht nicht nur zwischen den verschiedenen Schulen und Schulformen in staatlicher Trägerschaft, sondern auch ein echtes Wahlrecht zwischen staatlicher Schule und Schule in freier Trägerschaft zu ermöglichen.

Dieses impliziert Entscheidungsstrukturen, die grundsätzlich – im Rahmen gesetzlicher Mindeststandards – frei von staatlicher Beeinflussung sind. Durch das Recht der freien Schulwahl soll das Bildungswesen stärker nachfrageorientiert und nicht wie das klassisch-etatistische Bildungswesen angebotsorientiert sein.“[7]

Diese mit der Zukunft des Bildungswesens verbundenen Ziele sucht die AKTION MÜNDIGE SCHULE in die gesellschaftliche Wirklichkeit umzusetzen – ein nötiges und fruchtbares Unterfangen.

---

[7] Ebd., S. 19.

Kinder können Freiheit lernen

Zur Pädagogik der Freien Alternativschulen

Manfred Borchert*

> „Man kann einen Menschen nicht gegen seinen Willen erziehen, so wenig wie man ihn gegen seinen Willen gesund machen kann. Er muss in beiden Fällen mitmachen – aus Freude oder aus Einsicht, am besten aus beidem. Das ist in der Erziehung möglich, wenn er wahrnimmt, dass er geliebt wird, und wenn er teilhat am Verfahren – wenn er nicht Objekt, sondern Subjekt des Vorgangs ist."
> (Hartmut von Hentig)[1]

Stellen Sie sich vor, Sie kommen in die 5. Klasse der Freien Ganztagsschule Thale. Der Raum ist in warmen hellen Farben gestrichen. Mitten im Raum steht auf einem Tisch eine Vase mit einem großen Strauß aus Blumen und Herbstlaub. Der Raum ist mit Regalen in vier Lernbereiche geteilt. An den Wänden hängen Bilder, die die Kinder gemalt haben. Die Lehrerin ist noch nicht in der Klasse. Nach und nach trudeln die 18 Kinder der „Falkengruppe" ein. Gordian setzt sich auf den Teppich, nimmt sich ein Buch und beginnt zu lesen. Friedrich begibt sich an seinen Tisch und schreibt seine lange Phantasie-Geschichte weiter. Die meisten Kinder nehmen sich Selbstlernmaterialien aus den Regalen und beginnen damit zu rechnen und zu schreiben. Einige Mädchen sitzen zusammen und unterhalten sich, andere zeichnen. Die Lehrerin betritt die Klasse, schaut sich an, was die Kinder machen, und bittet sie dann zur Morgenrunde, in der über besondere Vorhaben an diesem Tag gesprochen wird. Danach arbeiten die Kinder ohne jede Anweisung der Lehrerin weiter. So beginnt ein neuer Tag in einer Freien Alternativschule.

In Deutschland gibt es 42 dieser Schulen,[2] europaweit ca. 200. Die Bezeichnung „Freie Alternativschulen" bürgerte sich in den Erziehungswissenschaften erst in den späten 80er Jahren ein, als nicht mehr zu über-

---

* **Dr. Manfred Borchert,** Mitbegründer der Freien Schule Bochum, Vorstandsmitglied des Bundesverbandes der Freien Alternativschulen.

1 Hentig, Hartmut von: Die Schule neu denken. München/Wien 1993, S. 202.

2 Weitere sind in Gründung.

sehen war, dass es sich hier um eine eigenständige Schulreformbewegung handelt.[3] Das Wort „Freie" signalisiert nicht in erster Linie, dass es sich bei diesen Schulen um solche in freier Trägerschaft handelt, sondern um Orte der Bildung, die den Umgang mit Freiheit und Selbstverantwortung zu ihrem zentralen Anliegen machen.

In den 70er Jahren bis in die 80er hinein gab es heftige ideologische Auseinandersetzungen um die Freien Alternativschulen, danach wurde es ruhig um sie. So konnte sich diese kleine Schulbewegung von der Öffentlichkeit kaum bemerkt weiterentwickeln. Wichtiger Bestandteil der Weiterentwicklung war die selbstkritische Beobachtung der eigenen Arbeit.[4] Das Ergebnis dieser selbstkritischen Reflexion war eine Einschränkung der Freiheiten für die Kinder, eine aktivere Rolle der Erwachsenen in der Schule und die Herstellung eines Konsens über Schlüsselbegriffe der Pädagogik der Freien Alternativschulen.

Eine Pädagogik der Freiheit und Verantwortung

Die Geschichte der Freien Alternativschulen ist die ständige Weiterentwicklung einer Pädagogik der Freiheit. Immer wieder neu werden diesen Schulen folgende Fragen gestellt, die allesamt mit der Förderung von Freiheit zu tun haben:

- Welche Freiheiten für die Kinder sind in einer Freien Alternativschule möglich?
- Unter welchen Bedingungen lässt sich der hohe Anspruch einer Pädagogik der Freiheit praktisch realisieren, und wie geschieht das?
- Welche Organisationsformen des Lernens und welche Methoden fördern die Freiheit der Eigentätigkeit der Kinder?
- Wie lernen Kinder von Kindern?
- In welchem Zusammenhang stehen Freiheit, Zuwendung, Verantwortung, Grenzen und Respekt?

Das Maß an Freiheiten, die Kinder und Jugendliche an Freien Alternativschulen haben, unterscheidet sie deutlich von den staatlichen Regel-

---

3 Seit 1972 sind ca. 20 größere Veröffentlichungen über Freie Alternativschulen erschienen. Das jüngste Buch: Borchert, Manfred/Maas, Michael (Hg.): Freie Alternativschulen – Die Zukunft der Schule hat schon begonnen. Bad Heilbrunn/Obb. 1998.

4 Vgl. Maas, Michael: Geschichte, Mythen und Erfolge der Alternativschulbewegung – Versuch einer selbstkritischen Zwischenbilanz. In: Borchert/Maas 1998, a.a.O., S. 15–35.

schulen und von anderen Schulen in freier Trägerschaft. Für diese Freiheiten gibt es viele Felder:

Unterricht in differenzierter Angebotsform – Nehme ich teil oder nicht?

Als Unterricht in differenzierter Angebotsform verstehen Freie Alternativschulen die freie Entscheidung der Kinder bzw. Jugendlichen über die Teilnahme oder Nichtteilnahme an den Lernangeboten der Erwachsenen in unterschiedlichem zeitlichen Umfang. Der Anteil von verbindlich wahrzunehmendem Unterricht ist freilich von Schule zu Schule sehr unterschiedlich. Er hängt ab vom Maß an Selbstregulierungsfähigkeit, das die Kinder in die Schule mitbringen. Außerdem spielt das Alter der SchülerInnen dabei eine wichtige Rolle. Je älter sie sind, desto mehr Triebverzicht und rationale Selbststeuerung wird ihnen abverlangt.

Die Freiheit, mit den Erwachsenen wichtige Angelegenheiten auszuhandeln

Diese Freiheit ist für Kinder und Erwachsene an Freien Alternativschulen ganz besonders bedeutsam. Würde man sie abschaffen, hätte das zur Folge, dass die Freien Alternativschulen ein wichtiges Merkmal ihrer Schulqualität einbüßen würden, weil diese Aushandlungsprozesse konstitutiv für die Atmosphäre[5] an Freien Alternativschulen sind.

Ausgehandelt werden Inhalte für den Unterricht, die Regeln für die einzelnen Klassen und die ganze Schule, die Rechte von Mädchen gegenüber Jungen und umgekehrt, die Benutzung des Toberaums, die Häufigkeit von gemeinsamen Übernachtungen in der Schule, die Höhe des Taschengeldes für Schulfahrten und selbst Organisationsformen des Unterrichts. (Lieber intensiv pauken und dann Zeit für andere Dinge haben oder doch lieber nicht?)

Nebenbei bemerkt: Viele Aushandlungsprozesse finden auch zwischen den Kindern statt. Ausgehandelt wird die Zeit zwischen den kleinen und großen Kindern über die Benutzung des Basketball- oder Fußballfeldes oder wer in welchem Umfang für Dienste wie Putzen, Aufräumen, Kochen usw. zuständig ist.

---

5 Vgl. Krammling-Jöhrens, Doris: Atmosphäre als Wirklichkeitsebene – Eine ethnographische Studie über die Glocksee-Schule. Dissertation zur Erlangung des akademischen Grades einer Doktorin der Philosophie im Fachbereich 1 Erziehungswissenschaften/Humanwissenschaften an der Universität/Gesamthochschule Kassel, 1997.

Die Freiheit des freien Spiels

An vielen anderen Schulen ist das freie Spiel nur in den Pausen möglich, an Freien Alternativschulen ist es ein normaler Bestandteil des Schulalltags, mit dem viel Zeit zugebracht wird. Denn: „Der Mensch spielt nur, wo er in voller Bedeutung des Wortes Mensch ist, und er ist nur da ganz Mensch, wo er spielt." (Friedrich Schiller)

Die Freiheit spontanen Handelns

Spontanes Handeln hat mit schulischem Lernen im üblichen Sinne meist nichts zu tun. Freie Alternativschulen wollen auch gar nicht, dass alle spontanen Aktivitäten der Kinder und Jugendlichen auf einen tieferen pädagogischen Sinn abgeklopft werden. Die Spontaneität von Kindern ist Ausdruck von Phantasie und Lebensfreude. Und Lebensfreude ist nicht begründungsbedürftig.

Bewegungsfreiheit

Kinder lernen in Bewegung, also nicht nur mit dem Kopf, sondern mit dem ganzen Körper. Leo Tolstoi, der bekanntlich nicht nur Schriftsteller war, sondern auch Pädagoge, gab den Kindern in seiner 1862 gegründeten Schule „Jaßnaja Poljana"[6] absolute Bewegungsfreiheit, weil ihm die Bedeutung von Bewegung für den Lernprozess bewusst war. Auch große Reformpädagogen und -pädagoginnen wie z.B. Maria Montessori und Célestin Freinet ermöglichten es den Kindern in ihren Schulen, sich frei zu bewegen. Moderne physiologische und psychologische Erkenntnisse bestätigen die Auffassung, dass Bewegungsfreiheit für erfolgreiches Lernen zentral wichtig ist.[7] Der Zwang, stundenlang stillzusitzen, ist für Kinder schwer zu ertragen. Denn „Kinder suchen sich in Bewegung auszudrücken".[8]

Mit Hilfe der Bewegung schafft das Kind aktiv die Verbindung nach außen. Die Erfahrungen mit Bewegung sind eine Vorstufe für abstraktes, kognitives Denken. Die Strukturen der Intelligenz können nur durch konkrete Aktivität gebildet werden, und zwar unter Einbeziehung aller Sinne und größtmöglicher Bewegungsfreiheit. Eine freie Bewegungsentwicklung

---

[6] Vgl. Tolstoi, Leo: Die Schule von Jaßnaja Poljana. Pädagogische Schriften, Bd. 2, Jena 1907.

[7] Vgl. Henstenberg, Elfriede: Entfaltungen. Bilder und Schilderungen aus meiner Arbeit mit Kindern. Heidelberg 1993.

[8] Montessori, Maria: Kinder sind anders. München 1987, S. 103.

ist Voraussetzung für eine gesunde physische, psychische und kognitive Entwicklung des Kindes. Auch das emotionale Gleichgewicht steht im Zusammenhang mit der motorischen Aktivität. Vor dem Hintergrund dieser wissenschaftlichen Erkenntnisse ist es für Freie Alternativschulen ganz selbstverständlich, dass die Kinder viel Raum für Lernen in Bewegung haben, nicht nur im freien Spiel, sondern bei allen anderen Lernaktivitäten. Entsprechend sind die Schulräume eingerichtet und die Außengelände gestaltet.

Die Freiheit, nicht ständig kontrolliert zu werden

Kinder und Jugendliche an Freien Alternativschulen schätzen es sehr, dass sie nicht ständig unter der Kontrolle der LehrerInnen stehen. Viele Jahre der Erfahrung mit diesem Vertrauensvorschuss für die SchülerInnen bestärken die LehrerInnen in der Überzeugung, dass dieses Vertrauen höchst selten missbraucht wird.

Die Freiheit für Jungen und Mädchen, ungestört vom anderen Geschlecht unter sich sein zu können

Vor allem während der Ausbildung geschlechtsbezogener Identität haben Jungen und Mädchen zeitweise das Bedürfnis, unter sich sein zu können. An vielen Freien Alternativschulen gibt es deshalb Jungen- und Mädchenräume, über die nur die Mädchen bzw. die Jungen frei verfügen können.

Die Freiheit, LehrerInnen offen zu kritisieren

Für Kritik an LehrerInnen gibt es viele Gelegenheiten. Wachsam achten Kinder und Jugendliche darauf, dass ihre Freiheiten nicht unbotmäßig beschnitten werden, und falls das der Fall zu sein scheint, erhebt sich offener Protest. An Freien Alternativschulen kann es auch vorkommen, dass die Unterrichtsqualität kritisch kommentiert wird oder dass LehrerInnen sich kritische Rückmeldungen über den Umgangsstil mit den SchülerInnen anhören müssen.

Die Freiheit, Räume selbst zu gestalten

Kinder und Jugendliche an Freien Alternativschulen dürfen ihre Räume selbst gestalten. Manche machen Gebrauch davon, andere nicht. Bisweilen kommen dabei Raumgestaltungen zustande, die Besucher in Staunen versetzen, gelegentlich aber auch geschmackliche Entgleisungen.

Die freie Wahl zwischen unterschiedlichen Angeboten

Diese Wahl gilt z.B. für parallel laufende Projekte, Arbeitsgemeinschaften oder Kurse.

Individuelle Freiheit und Sozialität

Der Umgang mit den zuvor skizzierten Freiheiten bedarf immer wieder der Abstimmung mit anderen Kindern und mit den LehrerInnen. Diese Abstimmung untereinander verlangt den Kindern und Jugendlichen ein gerütteltes Maß an Selbstverantwortung, Empathie, Rücksichtnahme und Geduld ab. In diesen Aushandlungsprozessen aber liegt der Kern von Alltagsdemokratie, wie sie an Freien Alternativschulen gelebt wird. Hier kommt das Streben nach individueller Freiheit immer wieder auf den Prüfstand der Sozialität. Hier wird um Selbstbehauptung und Toleranz gerungen, um die Durchsetzung von Eigeninteressen und Rücksichtnahme und last not least um gegenseitigen Respekt. Respektvoller Umgang basiert an Freien Alternativschulen aber nicht auf einem Status oder Amt, egal ob es sich um ein Kind, eine Lehrerin oder den Hausmeister handelt. Der Respekt gilt vielmehr dem Menschen als Persönlichkeit.

Pädagogik der Geborgenheit

Insbesondere Kinder in modernen Industriegesellschaften leiden unter der Brüchigkeit der Beziehungen zwischen Erwachsenen und Kindern.[9] Deshalb wird an allen Freien Alternativschulen großer Wert darauf gelegt, dass die Kinder in der Schule Geborgenheit erleben können. Für das Entstehen von Geborgenheit sind folgende Voraussetzungen besonders förderlich:

Zwischen Kindern und Erwachsenen an Freien Alternativschulen besteht eine dichte Nähe und enge Vertrautheit, die einen unkonventionell offenen Umgang zwischen Erwachsenen und Kindern ermöglicht. Die Kommunikationsformen sind gar nicht oder nur wenig formalisiert und vom Status der Beteiligten unabhängig. Kinder, die von anderen Schulen auf eine Freie Alternativschule gewechselt sind, fassen ihren Eindruck deshalb häufig in die Worte: „Hier ist einfach alles lockerer."

Freie Alternativschulen sind immer kleine einzügige Schulen. Die größte Freie Alternativschule in Deutschland hat ca. 220 SchülerInnen in den

---

9 Vgl. Peukert, Rüdiger: Familienformen im sozialen Wandel. Opladen 1991, S. 89–94.

Jahrgängen 1–10, die kleinste nur 15 SchülerInnen im Grundschulbereich. An Freien Alternativschulen kennen die LehrerInnen noch alle Kinder und Jugendlichen mit Namen, weil sie viele Jahre lang miteinander arbeiten. Auch die Präferenz für fächerübergreifendes Lernen fördert indirekt die Vertrautheit, weil die Zahl der LehrerInnen an Freien Alternativschulen niedriger sein kann als an Schulen, die viele FachlehrerInnen einsetzen.

Als besonders wichtig hat Rainer Winkel in seinem Gutachten über eine Freie Alternativschule das so genannte „family grouping" beschrieben,[10] das sich in den USA seit einigen Jahren immer mehr ausbreitet, an den Freien Alternativschulen in Deutschland aber schon seit langem praktiziert wird. Übersetzt bedeutet der Begriff „family grouping" „familiäre Gruppe", also eine kleine Gruppe mit einer festen Bezugsperson und einer kleinen Zahl von Kindern, in deren Zusammenleben an positive Elemente von Familienleben angeknüpft wird. Dazu gehört, dass die Kinder in diesen Gruppen unterschiedlichen Alters sind, gemeinsame Mahlzeiten eingenommen werden und der Gruppenraum mit Teppichen, Bildern, Pflanzen, Kuschelecken (ja, wir bekennen uns dazu), Pflanzen usw. wohnlich eingerichtet wird.

Die gemeinsam erarbeiteten Regeln für das friedliche Zusammenleben in der Schule und das Eingreifen der LehrerInnen bei Regelverletzungen tragen ebenfalls zum Gefühl der Geborgenheit und Sicherheit bei.

Aktives Lernen

Belehrung ermüdet und erzeugt träges Wissen, das schnell wieder vergessen wird und kaum reaktivierbar ist. An Freien Alternativschulen wird deshalb aktives und an den Interessen von Schülerinnen und Schülern anknüpfendes Lernen präferiert, das produktives Denken fördert. Aktivierende Lernformen sind in erster Linie solche, bei denen die Kinder sich eigentätig und möglichst auch handelnd Wissen, Fähigkeiten und Fertigkeiten aneignen.

Bestimmte Methoden sind förderlich für aktives Lernen. Dazu rechnen Freie Alternativschulen die Freiarbeit, das Stationenlernen, Gemeinschaftsprojekte und individuelle Jahresarbeiten, angeleitetes und frei entdecken-

---

10 Vgl. Winkel, Rainer: Gutachten über die Freie Schule Wuppertal, erstellt für das Verwaltungsgericht Düsseldorf. Essen 1995.

Weltschöpfung (3. Klasse)

Die Farbabbildungen auf den folgenden Seiten zeigen **Wandtafelzeichnungen aus der Waldorfschule,** die von dem/r Klassenlehrer/in zu einzelnen Epochen angefertigt werden (Klasse1–8). Die hier gezeigten Bilder hat Henning Kullak-Ublick (Freie Waldorfschule Flensburg) gemalt.

Märchenbild (1. Klasse)

Kind und Riese (1. Klasse)

des Lernen, das häufige Aufsuchen außerschulischer Lernorte sowie die Vorbereitung und Präsentation von Aufführungen und Ausstellungen und – es sei nochmals genannt – das freie Spiel.

Interessengeleitetes Lernen – ein Beispiel aus der Freien Ganztagsschule Thale

In der Freiarbeit der Klasse 5, deren Kinder sich den Namen „Falkengruppe“ gegeben haben, beginnen zwei Jungen mit der Umsetzung von Daten der Bevölkerungsstatistik in Balkendiagramme. Sie sind voller Eifer bei der Sache und erstellen sehr penibel ein Diagramm. Am Ende dieser Arbeit meint einer der Jungen: „250.000 Einwohner in Halle, soviel kann man sich gar nicht vorstellen.“ Daraufhin schlägt sein Arbeitspartner vor: „Man müsste die aufmalen.“ Wenig später beginnen die beiden damit, Strichmännchen auf große Bögen zu zeichnen mit dem Ziel, die 250.000 Einwohner der Stadt darzustellen. Diese Aktion lockt fünf weitere Kinder an, die sich ebenfalls beteiligen. Während sie auf dem Teppich liegen und eifrig Strichmännchen zeichnen, tauschen sie rege ihre Phantasien über die Einwohner aus. „Das hier sind Polizisten.“ „Könnte der Große nicht ein König sein?“ „Guck mal, die beiden hier, die stehen so eng zusammen, das ist bestimmt ein Liebespaar.“ Sie finden aber immer wieder zur Sache zurück: „Hier muss eine Grenze hin, wenn man nämlich alle auf einmal zählt und sich vertut, muss man ja sonst von vorne anfangen.“

Zur selben Zeit finden im Klassenraum folgende Aktivitäten statt:

- Rechnen mit Spectra-Material (schriftliche Multiplikation);
- Umsetzung von Zahlen zur Bevölkerungsstatistik in Balkendiagramme;
- Rechnen mit Montessori-Material im Zahlenbereich über 100.000;
- Anfertigen von Ausweisen für die Schülerbibliothek;
- Abschreiben eines Gedichtes aus einem Lesebuch;
- Schreiben freier Texte;
- Selbstkorrektur eines Diktates;
- Arbeit mit geometrischen Figuren (Montessori-Material);
- Übungen zur Deklination und Syntax (mit Unterstützung der Klassenlehrerin);
- Zeichnung einer Landkarte für ein Phantasieland mit ausgefeilter frei erfundener Legende.

Während der gesamten 90 Minuten herrscht eine arbeitsame Atmosphäre.

Sozialformen des Lernens

Freie Alternativschulen praktizieren bestimmte Sozialformen des Lernens. Dazu gehören die Einzelarbeit mit und ohne Unterstützung von LehrerInnen, Partnerarbeit, Kleingruppenarbeit, Projekte, die Morgenrunde für die Grundschulkinder und die gemeinsamen Besprechungen der älteren SchülerInnen sowie zeitweise getrennte Unterrichtsangebote für Jungen und Mädchen.

Lernwege selbst finden

Die Freiheit der Kinder an Freien Alternativschulen, ihre Lernwege selbst zu finden, bringt es mit sich, dass die Kinder sich schon früh mit dem eigenen Lernprozess auseinandersetzen. Nehme ich teil an dem Angebot der Lehrerin oder nicht? Welches Kind kann mir am besten bei Mathe helfen? Mache ich in dem Projekt mit, in der meine Freunde sind, oder lieber in dem mit dem spannenderen Thema? Welches Lernmaterial nehme ich mir vor? Das sind Fragen, die sich den Kindern an Freien Alternativschulen schon im ersten Schuljahr stellen. Freilich finden die jüngeren Kinder nur selten bewusste Antworten auf diese Fragen, sie gehen vielmehr lustvoll spontanen Einfällen und Interessen nach.

Mit zunehmenden Alter aber setzen sich die Schülerinnen und Schüler bewusster mit ihrem Lernen auseinander. Auch hierin finden sie Unterstützung bei anderen. Die Kleinen schauen den Größeren beim Lernen zu und erfahren auf diese Weise, welche Arbeiten für die älteren Kinder bedeutsam sind. Sie finden heraus, welche Lernumgebung sie brauchen. (Soll es ganz leise sein, oder macht mir Lärm nichts aus?) Sie lernen einzuschätzen, wie lange sie für welche Aufgaben brauchen und wie sie ihre Arbeitsergebnisse selbst kontrollieren können.

Ebenso wie die Kinder setzen sich die Jugendlichen an Freien Alternativschulen mit ihren Lernprozessen auseinander, allerdings mit anderen Fragestellungen und auf einem anderen Niveau. In Gesprächen zwischen Jugendlichen und Erwachsenen geht es in diesem Alter z.B. um die Frage: Welcher Lerntyp bin ich? (Ein auditiver oder visueller, ein systematischer vorausplanender Arbeiter oder ein Mensch, der am besten unter Termindruck arbeitet?) Auch die Frage nach effektiven Lerntechniken wird dann relevant. Und nicht zuletzt geht es darum, dass die Jugendlichen sich selbst ein realistisches Bild vom Stand ihres Wissens, ihrer Fähigkeiten und Fertigkeiten machen können.

Sankt Franziskus (2. Klasse)

Sankt Georg (2. Klasse)

Frühlingsbild (2. Klasse)

Winter. Nach einer Illustration aus Astrid Lindgrens „Tomte Tummetot“ (3. Klasse)

Die Aufgaben der LehrerInnen

Die LehrerInnen bereiten Angebote vor, verabreden Regeln mit den Kindern und setzen sie, wenn nötig, auch durch. Sie helfen beim Schlichten von Konflikten, die die Kinder nicht aus eigener Kraft lösen können. Sie dienen den Kindern als „Blitzableiter", wenn diese in bestimmten Konfliktsituationen – auch mit Hilfe eines Erwachsenen – nicht klarkommen. Wichtig ist aber auch, was die LehrerInnen nicht tun. Sie treten gegenüber den Kindern nicht dominant auf, sondern eher zurückhaltend, sie geben keine Zensuren und sie verurteilen niemanden zum Sitzenbleiben. Sie sind einfach da, wenn ein Kind sie – aus welchen Gründen auch immer – braucht.

Kinder lernen von Kindern

Gerold Scholz ist es zu verdanken, dass er durch seine Untersuchung über Lernprozesse an Freien Alternativschulen[11] eine neue Perspektive auf das Lernen von Kindern eröffnet hat. Er konnte mit einer Fülle von Beobachtungen empirisch belegen, dass an den Freien Alternativschulen in einem Umfang Lernprozesse zwischen Kindern stattfinden, die das durch LehrerInnen intendierte und organisierte Lernen in seiner Bedeutung erheblich relativieren. Die von Scholz beobachteten Lernprozesse unter Kindern beziehen sich auf die Umgangsformen der Kinder untereinander und viele andere Bereiche: sich gemeinsam wohl fühlen, Fairness und Höflichkeit, Lob und Kritik, Trösten und Helfen, Ermahnungen und Belehrungen, Expertentum, Erwerb von Grundfertigkeiten in Projekten, gemeinsames Forschen, Bauen, Lernen durch Zusehen, Abgrenzungen zu Erwachsenen, Lernen im Spiel usw.

Die geschilderten Lernvorgänge sind besonders wirksam, weil sie sich nicht in der asymmetrischen Situation zwischen Kindern und Erwachsenen, sondern unter tendenziell Gleichen stattfinden.

Besondere Lernschwerpunkte

Von ihren ersten Anfängen bis heute haben die Freien Alternativschulen dem sozialen Lernen immer besondere Bedeutung zugemessen und dafür soviel Zeit aufgewendet, die an anderen Schulen im gleichen Umfang ganz

[11] Vgl. Scholz, Gerold: Kinder lernen von Kindern. Hohengehren 1996, S. 73 ff.

undenkbar wäre, weil darüber das „eigentliche" Lernen zu kurz kommen könnte. Das Gegenteil ist der Fall. Denn in einem positiven Sozialklima, wie es den Freien Alternativschulen immer wieder bescheinigt wird, gelingt auch die Entwicklung von Wissen, Fähigkeiten und Fertigkeiten wirklich gut. Diese Erfahrung hat auch einen Modellcharakter für den späteren Werdegang der Schülerinnen und Schüler.[12]

Alternative Formen der Entwicklungs- und Leistungsbeschreibung

Die an den Schulen vorherrschende Praxis der Leistungsbeurteilung wird seit Jahrzehnten von der Erziehungswissenschaft kritisiert.[13] Die Freien Alternativschulen ignorieren die Kritik an der Praxis der Zensurenvergabe und der Ziffernzeugnisse der staatlichen Schulen nicht. Sie lehnen konsequent die Zensurenvergabe und die Erteilung von Ziffernzeugnissen ab und ersetzen sie durch Gespräche mit Kindern und Eltern sowie durch Zeugnisse in Gutachtenform bzw. durch Jahresbriefe an die Kinder. Diese Praxis bewährt sich seit über 25 Jahren.

Selbstverantwortung ohne Überforderung

Freiheit ist nur möglich, wenn sie gepaart ist mit Selbstverantwortung und Verantwortung für andere. Die meisten Schulen unterschätzen die Bereitschaft und Fähigkeit von Kindern und Jugendlichen zur Übernahme von Verantwortung. Neun bis 13 Jahre lang werden Schülerinnen und Schüler (an unterschiedlich langen Leinen) von Erwachsenen geführt. Die üblichen Schülermitwirkungsgesetze oder entsprechende Verordnungen geben ihnen wenig Einfluss auf die Gestaltung der Einrichtung, in der sie einen großen Teil des Tages zubringen. Weder als Individuen noch als Gemeinschaft haben Kinder und Jugendliche im Alltag der meisten Schulen die Chance, sich darin zu üben, wirklich wichtige Entscheidungen für sich selbst und andere zu treffen.

---

12 Vgl. Köhler, Ulrike: Die Glocksee-Schule und ihre AbsolventInnen. Eine empirische Studie. Dissertation zur Erlangung des akademischen Grades einer Doktorin der Philosophie im Fachbereich 1 Erziehungswissenschaften/Humanwissenschaften an der Universität/Gesamthochschule Kassel, 1997, S. 215–335.

13 Liebau, E.: Zeugnis – Zertifikat. In: Lenzen, D. (Hg.): Pädagogische Grundbegriffe. Bd. 2, Reinbek 1989, S. 1639.

Erste Schreibepoche (1. Klasse)

Bäcker-Handwerk (3. Klasse)

Aus alten Kulturen: Indien (5. Klasse)

Aus alten Kulturen: Persien (5. Klasse)

Das ist anders an den Freien Alternativschulen. Sie zeigen, dass es möglich ist, eine Pädagogik der Freiheit, Geborgenheit und Verantwortung zu praktizieren, die Kindern schon im Grundschulalter die Chance gibt, einen Teil der Verantwortung für sich selbst, insbesondere für ihren eigenen Lernprozess zu tragen, ohne davon überfordert zu werden. Das ist sicherlich nicht immer leicht, aber an ihren Aufgaben wachsen bekanntlich nicht nur Erwachsene, sondern auch Kinder.

„Lernen und Lehren ist Kunst, keine hoheitlich zu verordnende Aufgabe. Deshalb meine Forderung: Lasst die Schulen von der Leine, die einen von der staatlichen Aufsicht und die anderen vom Zwang zum Schulgeld."

(Irene Fröhlich, MdL, Bündnis 90/Die Grünen)

Warum eigentlich eine
AKTION MÜNDIGE SCHULE?

Was schon war, und wohin sie will ...

Henning Kullak-Ublick

Die AKTION MÜNDIGE SCHULE (AmS) ist eine Bürgerinitiative, die sich Selbstverwaltung, Vielfalt, Innovation und fairen Wettbewerb im Schulwesen auf ihre Fahnen geschrieben hat. 1996 entschlossen sich einige Eltern und LehrerInnen der Flensburger Waldorfschule, ihre Erfahrungen mit der Selbstverwaltung einer Schule in die Debatte um die Modernisierung des Schulwesens einzubringen. Dabei stand die Frage im Vordergrund, welche rechtlich-politischen Rahmenbedingungen geschaffen werden müssen, um den einzelnen Schulen die Freiheit für ihre pädagogische Weiterentwicklung zu geben. Was muss geschehen, um vor die heute allseits geforderte Qualitäts*kontrolle* den erst wirklich innovativen Gesichtspunkt der Qualitäts*entwicklung* zu stellen?

Obwohl von Anfang an feststand, dass es der AmS mit diesen Fragen um die Verlebendigung des *gesamten* Schulwesens ging, rekrutierten sich fast alle Gründungsmitglieder aus den Reihen der freien Schulen. Das hat seine Gründe einerseits in der Entstehungsgeschichte der Initiative, es liegt aber zweifellos auch daran, dass die freien Schulen besonders sensibel auf die Schulkrise der Gegenwart reagieren, sind sie doch oft genug Zufluchtsort für „Quereinsteiger", die innerhalb des staatlichen Systems nicht mehr weiter wissen. Nimmt man noch das Pandämonium an Diskriminierun gen, denen die freien Schulen innerhalb unserer staatsschulfixierten Schulpolitik und Schulverwaltung ausgesetzt sind, hinzu, so wundert man sich eher, warum es noch nicht früher zu diesem Vorstoß gekommen ist.

Als erstes Ergebnis der oben geschilderten Fragestellungen erwuchs die Volksinitiative „Schule in Freiheit". Mit ihr strebt die AmS eine Änderung des Artikels 8 (Schulwesen) der schleswig-holsteinischen Landesverfassung an. Den Wortlaut des Gesetzentwurfes und seine Begründung finden Sie am Schluß dieses Buches. Seine wichtigsten Ziele sind, dass

- alle Schulen, die es wollen, im Rahmen ihrer Trägerschaft die weitestgehende pädagogische, organisatorische und wirtschaftliche Selbständigkeit erhalten;

Tierkunde (6. Klasse)

Tierkunde (6. Klasse)

Hannibals Alpenüberquerung. Römische Geschichte (6. Klasse)

Romulus, Remus und die Wölfin (6. Klasse)

- die Schulen ihre Lehrerkollegien selbst berufen können;
- Vertreterinnen und Vertreter aller Schularten in die Schulaufsicht einzubeziehen sind;
- die Schulaufsicht ihre Kontrollfunktionen da, wo es möglich ist, auf die Rechtsaufsicht beschränkt und sich zu einem Koordinationsorgan der unterschiedlichen Schularten entwickelt;
- nicht mehr die Trägerschaft einer Schule (staatlich, kommunal oder frei) über ihre Finanzierung entscheidet, sondern einzig sachliche Gesichtspunkte, die für alle Träger gleichermaßen gelten;
- die Erziehungsberechtigten über die Schulart entscheiden, die sie für ihre Kinder wünschen;
- die Schulpflicht durch eine allgemeine Unterrichtspflicht ersetzt wird, wie es in den meisten europäischen Ländern schon heute praktiziert wird.

Die Vorbereitung

Der Gesetzentwurf nahm während einer zweijährigen Vorbereitungszeit im regelmäßigen Austausch mit Pädagogen, Bildungspolitikern und juristischen Sachverständigen langsam Gestalt an. Er wurde im Gespräch mit den Vertretern der schleswig-holsteinischen Schulen in freier Trägerschaft weiterentwickelt und schließlich den im Landtag vertretenen Fraktionen zur Stellungnahme vorgelegt. Kurz vor Beginn der Unterschriftenkampagne fand ein Beratungsgespräch im Landtag mit den Sachverständigen des wissenschaftlichen Dienstes sowie des Bildungs- und Innenministeriums statt. Die dort vorgebrachten Einwände führten zu einer letzten Überarbeitung des Gesetzentwurfes, der abschließend noch einmal dem wissenschaftlichen Dienst im Landtag vorgelegt wurde.

Der Start

Im Mai 1997 begann die AKTION MÜNDIGE SCHULE mit dem Sammeln der Unterschriften für ihre Volksinitiative. Das Instrument der Volksinitiative wurde bewusst gewählt, weil die Zukunft des Bildungswesens eine öffentliche und keine staatliche Angelegenheit ist. Vielfalt und Selbstverwaltung lassen sich nicht verordnen; sie müssen, wenn sie mit Leben erfüllt sein wollen, von initiativen Menschen verantwortet werden und Gegenstand eines öffentlichen Diskurses sein. So galt es zunächst, Unterstützung

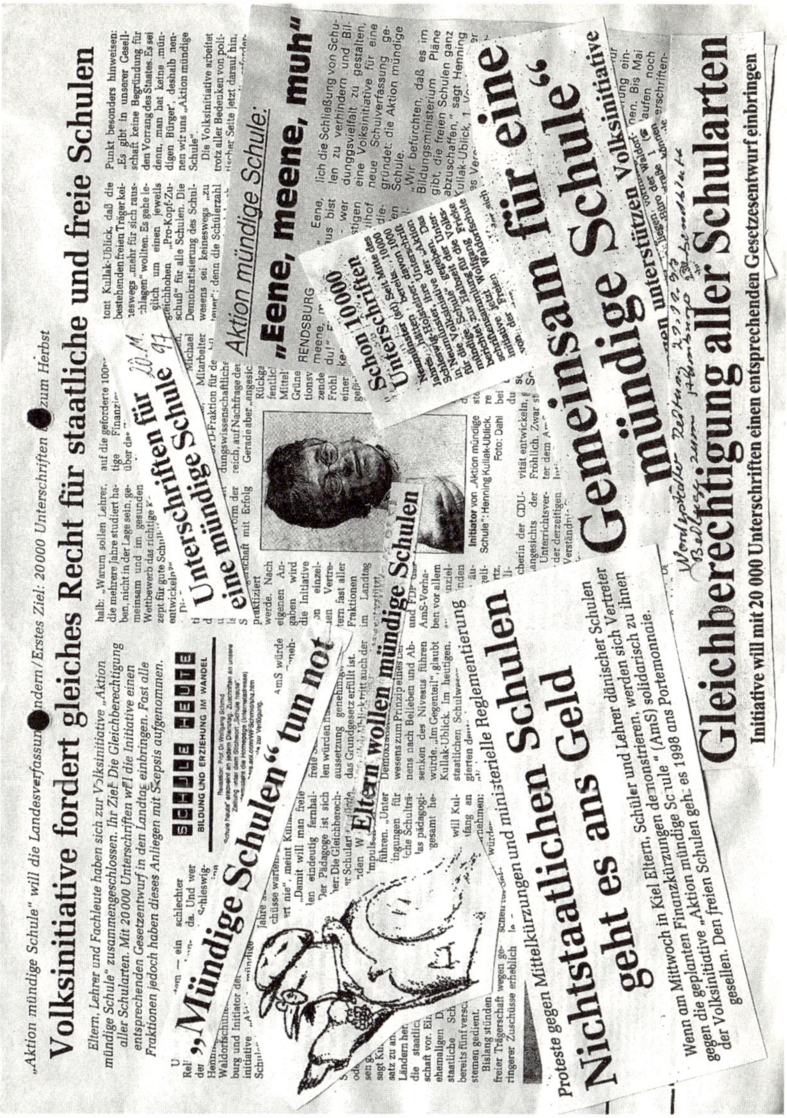
„Aktion mündige Schule" will die Landesverfassung ändern / Erstes Ziel: 20 000 Unterschriften zum Herbst

Volksinitiative fordert gleiches Recht für staatliche und freie Schulen

Eltern, Lehrer und Fachleute haben sich zur Volksinitiative „Aktion mündige Schule" zusammengeschlossen. Ihr Ziel: Die Gleichberechtigung aller Schularten. Mit 20 000 Unterschriften will die Initiative einen entsprechenden Gesetzentwurf in den Landtag einbringen. Fast alle Fraktionen jedoch haben dieses Anliegen mit Skepsis aufgenommen.

SCHULE HEUTE – BILDUNG UND ERZIEHUNG IM WANDEL

„Mündige Schulen" tun not

Eltern wollen mündige Schulen

Unterschriften für eine mündige Schule

Aktion mündige Schule:

„Eene, meene, muh"

Schon 10000 Unterschriften

Initiator von „Aktion mündige Schule": Henning Kullak-Ublick. Foto: Dahl

„Gemeinsam für eine mündige Schule"

Volksinitiative unterstützen

Proteste gegen Mittelkürzungen und ministerielle Reglementierung

Nichtstaatlichen Schulen geht es ans Geld

Wenn am Mittwoch in Kiel Eltern, Schüler und Lehrer dänischer Schulen gegen die geplanten Finanzkürzungen demonstrieren, werden sich Vertreter der Volksinitiative „Aktion mündige Schule" (AmS) solidarisch zu ihnen gesellen. Den freien Schulen geht es 1998 ans Portemonnaie.

Gleichberechtigung aller Schularten

Initiative will mit 20 000 Unterschriften einen entsprechenden Gesetzesentwurf einbringen in den verschiedenen Regionen des Landes zu bekommen. Nachdem das Verständnis für die Ziele der Initiative anfänglich nur sehr langsam wuchs und oft auf tief sitzende Vorurteile oder Missverständnisse stieß, zog das Volksfest „Tag der Schulfreiheit", welches die AmS im April 1998 in der Lübecker Innenstadt veranstaltete, schon einige tausend Menschen an. Die gut besetzte Podiumsdiskussion zum Thema füllte die Lübecker Petrikirche am Abend bis auf den letzten ihrer 1.000 Plätze. Die Medien berichteten ausführlich über diese Veranstaltung.

Der nun folgende Abschnitt lässt sich am besten mit einem Zitat von Joseph Beuys überschreiben.

„Demokratie ist lustig"

Am 4. Mai 1998 übergab die Initiative dem schleswig-holsteinischen Landtagspräsidenten Heinz-Werner Arens 37.000 Unterschriften – fast das Doppelte des von der Verfassung geforderten Quorums von 20.000 Unterschriften. Damit begann die von der Verfassung vorgeschriebene 12-Wochenfrist, innerhalb derer die Gültigkeit der Unterschriften und die Zulässigkeit der Volksinitiative geprüft werden mussten.

Die Frist endete am 4. September, einem Freitag. Am 2. September, also am Mittwoch davor, erreichte mich um 13.00 Uhr ein Anruf vom Innen- und Rechtsausschuss des Landtages, in dessen Verlauf ich aufgefordert wurde, zu einer Reihe von Bedenken, die vom wissenschaftlichen Dienst des Landtages und vom Innenminister gegen die Zulässigkeit der Initiative vorgebracht worden seien, bis zu der abschließenden Ausschusssitzung am 4. September um 9.00 Uhr Stellung zu nehmen. Eine Vertagung sei nicht möglich, weil die Frist auslaufe und der Ausschuss zu einer Beschlussempfehlung kommen müsse.

Uns blieben also eineinhalb Tage, um die Einwände, die gegen 14.00 Uhr per Fax eintrafen, zu entkräften. Zu unserem Glück gelang es, Frank-Rüdiger Jach, Professor für Staats- und Europarecht in Hamburg, als Sachverständigen nach Kiel einzuladen. Von der Sitzung, die auf eine Stunde anberaumt war, wurden die ersten 40 Minuten für Erklärungen zu dem problematischen Verlauf des Anhörungsverfahrens verbraucht. In den verbleibenden 20 Minuten gelang es Prof. Jach in mündlicher Stellungnahme, die vorgebrachten Einwände zu entkräften. Danach gelangte der Ausschuss in buchstäblich letzter Minute zu der einstimmigen Beschlussempfehlung, die Initiative zuzulassen.

Verfassungsänderung soll freie den staatlichen Schulen gleichstellen

Aktion Mündige Schule organisierte „Tag der Schulfreiheit“

Initiative als Lernziel

Von OLIVIA VON HARLEM

„Wir wollen zeigen, was möglich ist, wenn man Schulen in die Freiheit entläßt“, sagte Henning Kullak-Ublick von der Aktion „Mündige Schule“. Und wohl … und um St. Petri … gangen wie am gestrigen „Tag der Schulfreiheit“, der Tausende von Besuchern nach Lübeck zog. Generell konstatiert di… …initiative ein wachsendes Interess… …rem Gesetzentwurf.

… Schüler so vielseitig sind, … sen sie nicht schlechter … besser Fuß im Beruf als a… re.“

Der Tag schloß mit … Diskussion, auf dem P… saß unter anderem Dr… Liket, vormals General… tion für das Schulwese… Niederlanden. In Hol… en dreiviertel aller S… privater Trägerschaf… haben Eltern die fr… wahl.“ Zudem w… Schulen weitgeher… dig über die Unte… e entscheiden. Auch im Kieler … isterium nahm …

„Tag der Schulfreiheit“

Volksinitiative: Gleiches Recht für alle Schulen

Die Gleichstellung der staatlichen und der freien Schulen in Schleswig-Holstein fordert die Initiative „Aktion mündige Schule“. Bereits 35 000 Unterschriften für eine Verfassungänderung wurden gesammelt, der Landtag wird sich jetzt mit dem Thema befassen.

5.5.98 Ostholsteiner Anzeiger

Landtagspräsident Arens (links) mit Initiator Kullak-Ublick.

Kiel: 37 000 Unterschriften

KIEL (lno). Eine Volksinitiative „Schule in Freiheit“ …

Initiative will gleiches Recht für alle Schulen

Aktionstag in Lübeck / Schon 35 000 Unterschriften für Selbstverwaltung

Lübeck (lno). „Gute Pädagogik … land rechtlich … Kind aus planen,“ sagte Prof. Frank-Rüdiger Jach … das Institut fü… schung und Bil… leitet.

… Existenzkrise in der Schul… cht deutlich zu spüren. … rsäumt worden, die Le… n des Systems zu messe… eutschland bei der Qua… rtung der Schulen … fgewacht, erklärte … Taldirigent im sch… teinischen Bildu… um, Klaus Karpen … Schulpolitik des Landes … in Kenntnis des Beispiels … Schulen auch den staat… … Theo Liket, Vorbild des eu…

37 000 Namen für „Schule in Freiheit“

KIEL (upa)

Eine Volksinitiative „Schule in Freiheit“ will in … Heinz-Werner Arens (SPD) 37 000 Unterschriften.

LANDTAG

Krise in der Kieler Koalition

Schulinitiative: Land nimmt sich Anwalt

Kiel (US) Im Streit um die Volksinitiative „Schulen in Freiheit“ hat die SPD-Landtagsfraktion eingelenkt. Zuvor hatte Kultusministerin Ute Erdsiek-Rave (SPD) deutlich gemacht, daß die Forderung der Volksinitiative, alle Privatschulen vollständig aus dem Landeshaushalt zu finanzieren, den Etat sprengen würde.

Daraufhin stimmte der Landtag mit großer Mehrheit aus allen Fraktionen gestern dafür, sich im Prozeß mit der Schulinitiative vor dem Bundesverfassungsgericht durch einen kompetenten Anwalt vertreten zu lassen. Denn die Initiative klagt dort gegen ihre Nichtzulassung. Ursprünglich wollten die Regierungsfraktionen keinen Anwalt benennen und damit die Prozeß-Chancen verringern. Hintergrund ist ein Streit in der Koalition. Die SPD ist gegen, die Grünen sind für die Schulinitiative.

LANDTAG AKTUELL

Streit wegen Ablehnung der Volksinitiative „Aktion mündige Schule“

Koalitionskrach: Grüne fühlen sich „erpreßt“

… Antrag von SPD und CDU im Kieler Landtag, der auf d… … Aktion mündige Schule“ hinauslief, hat … Irene Fröhlich beklo…

„Gute Pädagogik wird in Deutschland behindert“

…mshorner Waldorfschüler beteiligten sich am „Tag der Schulfreiheit“ in Lübeck

Die Abstimmung

Die Vertreter der Volksinitiative konnten nach der überzeugenden Stellungnahme von Herrn Prof. Jach davon ausgehen, dass sie zugelassen werden würde. Für den Tagesordnungspunkt „Schule in Freiheit" war im Parlament eine halbe Stunde angesetzt worden. Als der Tagesordnungspunkt aufgerufen wurde, brachten CDU und SPD zur allgemeinen Überraschung einen gemeinsamen Antrag auf Nichtzulassung der Volksinitiative ein, der die Stellungnahme des Innen- und Rechtsausschusses unberücksichtigt ließ. Beide Fraktionen argumentierten damit, dass dem Land durch die Finanzierung staatlicher und nichtstaatlicher Schulen „nach gleichen Maßstäben" Mehrkosten in Höhe von 50 Mio. Mark im Jahr entstünden. Dies stelle einen unzulässigen Eingriff in die Haushaltsautonomie des Landtages dar, zumal es zu Neugründungen ermutige. Weiter sichere der Gesetzentwurf den Erziehungsberechtigten die freie Wahl der Schulart für ihre Kinder zu und wirke damit in Zuständigkeiten der staatlichen Schulaufsicht hinein.

Die Rednerinnen und Redner von FDP, Bündnis 90/Die Grünen und SSW verwiesen in ihren Beiträgen mit Nachdruck darauf, dass diese Einwände während der Anhörung am Vormittag im Ausschuss bereits diskutiert und widerlegt worden seien. Sie warfen den Antragstellern vor, dass ihre rechtlichen Einwände ein Vorwand seien, die politische Diskussion im Keim zu ersticken. Die Fraktionsvorsitzende von Bündnis 90/Die Grünen, Irene Fröhlich, warf der SPD einen offenen Koalitionsbruch vor und kritisierte, dass dieses jetzt das dritte Mal seit Einführung der Volksgesetzgebung in die Verfassung des Landes sei, dass eine Volksinitiative mit Verfahrenstricks ausgebootet werden solle.

Bei der Abstimmung verhinderte die parlamentarische Mehrheit der beiden großen Fraktionen in seltener Einmütigkeit die Zulassung. Die Volksinitiative legte daraufhin Widerspruch beim Bundesverfassungsgericht ein. Der Widerspruch wurde zugelassen, und seither wartet die Initiative auf das Urteil. Wegen der Überlastung des Bundesverfassungsgerichtes ist damit zu rechnen, dass das Urteil noch länger auf sich warten lässt – ein Umstand, der bei der Abstimmung im Landtag bekannt und vermutlich auch politisch erwünscht war, weil er verhinderte, dass mit der Landtagswahl im Februar 2000 zugleich ein Volksentscheid über den Verfassungsentwurf der AmS stattfinden konnte.

Die Resonanz

Nachdem zunächst die rot-grüne Koalitionskrise, die sich aus der Abstimmung entwickelte, im Mittelpunkt des Medieninteresses stand, erschienen in fast allen Zeitungen des Landes Kommentare, die den Verlauf des Verfahrens scharf kritisierten. Sowohl die AmS wie auch der Landtag legten dem Bundesverfassungsgericht inzwischen ihre Stellungnahmen und Gutachten vor. Für eine Volksinitiative ist eine jahrelange Wartezeit eine gewaltige Herausforderung, weil eine Initiative immer eine klare Zielvorgabe hat, die von sehr vielen Menschen getragen werden muss. Für unsere Aktion bringt diese Nagelprobe aber nicht nur Nachteile mit sich, denn die Zeit arbeitet für uns. An vielen Stellen werden Stimmen laut, die für mehr Selbstverwaltung und weniger Bürokratie im Bildungswesen sprechen. Auch die direkte Demokratie gewinnt – nicht zuletzt durch den Glaubwürdigkeitsverlust, den die Parteien in den vergangenen Jahren selbst produziert haben – in der Bevölkerung an Sympathie.

Dies alles deutet darauf hin, dass es neben der ohne Zweifel auch weiter wachsenden Resignation vieler Menschen ein ebenso stark wachsendes Potential an Erwachen zur Mündigkeit gibt – „Aufstieg aus der selbstverschuldeten Unmündigkeit“, um es mit Kant zu sagen.

Ausblick

Unsere Initiative konnte in der Wartezeit neue Kontakte knüpfen, die unsere Arbeit vertieft und erweitert haben. Die AKTION MÜNDIGE SCHULE gibt es nur, weil sich immer mehr Menschen in Fragen der Erziehung und Bildung aus der Vormundschaft des Staates befreien wollen. Sie wird sich auch weiterhin dafür einsetzen, dass Bildung und Schule als etwas erkannt werden, das alle Bürgerinnen und Bürger gleichermaßen angeht, seien sie LehrerInnen, Eltern oder SchülerInnen. Eines unserer wichtigsten Ziele ist es, Grenzüberschreitungen vorzubereiten: Gerade weil wir die Vielfalt und Freiheit im Schulwesen brauchen, ist die gegenseitige Wahrnehmung und Verständigung verschiedener pädagogischer Ansätze wichtiger denn je. Solange wir dazu etwas beitragen können, wird es uns geben.

Mitarbeit

Wir brauchen Ihre Mitarbeit und freuen uns darüber! Wenn Sie Verbindung mit uns aufnehmen wollen, so wenden Sie sich bitte an eine/n der auf der hinteren Umschlagseite aufgeführten AnsprechpartnerInnen oder schreiben Sie direkt an die AKTION MÜNDIGE SCHULE.

Aktion mündige Schule e.V.
Zur Anhöhe 23 · D-24983 Handewitt
Tel./Fax: 04608 – 97 01 58
e-Mail: hkullak@freie-schule.de
Internet: www.freie-schule.de

Bankverbindung:
GLS Gemeinschaftsbank eG Hamburg
BLZ 430 609 67 · Konto-Nr.: 41 800 100

„Ich wünsche Ihrem Volksbegehren einen guten Erfolg. Er wird die öffentliche Schule nicht schlechter, sondern besser machen."

(Hartmut von Hentig, 22.2.2000)

„Wenn wir unsere Kinder zu Freiheit und Verantwortung in einer mündigen Demokratie erziehen wollen, brauchen wir auch mündige Schulen, in denen der Geist von Freiheit und Verantwortung weht."

(Staatsministerin a.D. Hildegard Hamm-Brücher
in einem Brief an die AmS)

Zur Idee des Bildungsgutscheins

Benediktus Hardorp*

Unsere Verfassung sieht in Art. 7 Abs. 4 Grundgesetz ein Grundrecht zur Errichtung von Schulen in freier Trägerschaft „für jedermann“ vor; dieses Recht wird – wie es im Verfassungstext lapidar heißt – „gewährleistet“.[1] Das besagt zugleich: Es gibt kein staatliches Schulmonopol in unserem Lande; Bürger können, ja, sollen freie Schulen nach eigenen Konzepten gründen. Dieses Recht ist auch unbeschränkbar – es gibt keine rechtliche Handhabe, die es einschränkbar machen würde. So errichtete Schulen müssen, wenn sie im Bereich des gesellschaftlichen Konsenses über Art und Umfang unserer Schulbildung, d.h. im Aufgabenbereich des staatlichen Schulwesens tätig werden, gegenüber diesem Schulwesen gleichwertige Leistungen erbringen. Lediglich diese Gleichwertigkeit hat die staatliche Genehmigungsbehörde (Staatsaufsicht) zu prüfen. Liegt sie vor, so ist eine freie Schule von Verfassungswegen zu genehmigen – und zu fördern. Keine freie Schule muss gleich„artig“ sein.

Dem Verfassungsgeber unseres Grundgesetzes schwebt eine innovative Bürgergesellschaft vor. Im Wettstreit unterschiedlicher pädagogischer Ansätze soll ein kraftvolles, kreatives Schulwesen erblühen – ob staatlich oder frei. Deswegen kennt das Errichtungsgrundrecht für freie Schulen keinen „Gesetzesvorbehalt“: Es kann nicht eingeschränkt werden. Allein die Bürger – nicht die Kultusminister – entscheiden, wie viele freie Schulen es geben soll. Das ist jedenfalls Verfassungsziel. – Was tut in dieser Lage die Schulverwaltung, die im Grunde nur ein monolithisches staatliches Schulwesen unter ihrer Regie (Aufsicht belässt Freiheit, Regie beseitigt sie) denken kann? Sie holt sich den verlorenen Einfluss über Einschüchterung (Mittel: Abschlussprüfungen als Zugang zum Berechtigungswesen) und finanzielle Benachteiligung der freien Schulen zurück.

Denn die Ausübung dieses Grundrechtes kostet etwas. Die staatliche Schule ist zwar unentgeltlich – gerade dadurch aber teuer geworden. Ihre

* **Dr. Benediktus Hardorp,** geb. 1928, Wirtschaftsprüfer und Steuerberater. Mitglied in verschiedenen berufsständischen Gremien. Ehrenamtlich im Bereich der Waldorfschulen tätig. Zahlreiche Veröffentlichungen in Sammelwerken und Zeitschriften.

[1] Vortragsnachschrift vom 8.10.1999 anlässlich einer Veranstaltung der Aktion Mündige Schule im Kieler Landtag. – Zuerst erschienen in der Zeitschrift *Erziehungskunst,* 12/1999.

Verfassung wird zugleich als Maßstab für Bildungsleistung wie Aufwandsgestaltung (Lehrereinkommen, sachliche Ausrüstung und Investitionen) für die gewollte „Konkurrenz" der freien Schulen verstanden. So kann man die Schulen in freier Trägerschaft leicht und unauffällig am Gängelband unzureichender Finanzhilfen beeinflussen – und sich den zuvor verlorenen Regieeinfluss wieder zurückholen. Das Rezept ist so einfach wie wirksam: Man verpflichtet die freien Schulen zu Mindestausgaben für Lehrer, Sachaufwand und Investitionen, begrenzt gleichzeitig ihre eigenen Einnahmen (Sonderungsverbot, d.h. die Schule soll für alle Eltern erschwinglich sein). Schließlich lässt man sie mit dem erzwungenen Defizit allein – ja, man vergrößert es durch regelmäßig vorgenommene Kürzungen der Finanzhilfe. Scheinheilig „bedauert" man dies und verweist auf die Notwendigkeit des Sparens. An diesem (Übel) müssen sich eben „alle" beteiligen: Das erfordern „Gerechtigkeit und Solidarität". Das hört sich jedenfalls gut an.

Nun ist gegen Sparen ja nie etwas einzuwenden (will etwa jemand „verschwenden"?). Darum sparen die freien Schulen auch schon lange; man könnte es sogar von ihnen lernen! Ihre Kosten liegen unter denen staatlicher Schulen. Wirkliche Gerechtigkeit und Solidarität fordern aber etwas ganz anderes! Sie fordern, dass man die Bürger, die ein Grundrecht ausüben wollen, die sich – wie alle anderen – an der Aufbringung des steuerfinanzierten Staatshaushaltes beteiligen, nicht bei der Zuweisung (Verwendung) der für das Schulwesen zuvor gemeinsam aufgebrachten öffentlichen Mittel benachteiligt. Denn es geht hier zu allererst um unsere durch die Grundrechte der Verfassung beschriebene Werteordnung, nach der sich ihrerseits die Verwaltung öffentlicher Mittel zu richten hat. Nicht der Haushalt bestimmt die Verfassung, sondern umgekehrt: Die Verfassung setzt die Maßstäbe für Aufbringung und Einsatz der öffentlichen Mittel; Haushaltsgesichtspunkte sind insoweit sekundär und müssen sich fügen. Erst im Rahmen der Verfassung gibt es Ermessensspielräume für Finanzpolitik und Verwaltung, nicht vorher.

Das Bundesverfassungsgericht hat angesichts der gegebenen repressiven Finanzhilfepraxis der Kultusverwaltungen die Förderpflicht des Staates für Schulen in freier Trägerschaft in seinem Leiturteil vom 8.4.1987 durch eine damals sensationelle Neuauslegung von Art. 7 Abs. 4 GG (BVerfG 75, 40 ff.) ausdrücklich festgestellt. Bei dieser Linie ist die höchstrichterliche Rechtsprechung auch in der Folge bei ihren Urteilen zur Schulbauförderung (BVerfG 90, 128 ff.) und zur Genehmigungspflicht freier Schulen (BVerwG 19.2.92) geblieben. Das Grundgesetz will ein innovatives Schulwesen – und freie Schulen sind dessen unersetzlicher, solche Innovationsanstöße garantierender Teil.[2] Deshalb gibt es die staatliche Förderpflicht für diese Schulen als Grundrechtsicherung. Die Finanzhilfe muss deren Existenz sichern, sie muss das zur Existenzsicherung Notwendige dazugeben, solange die staatlichen Aufwandsvorgaben (bei gleichzeitigen Einnahmebeschränkungen) aufrechterhalten werden. Hieraus bemisst sich die erforderliche Finanzhilfe des jeweiligen Landes. Sie darf freie Schulen nicht besser stellen als vergleichbare staatliche Schulen – eine Selbstverständlichkeit im Übrigen, die noch nie in Gefahr war! Freie Schulen, namentlich die Freien Waldorfschulen, zeigen jährlich und öffentlich, dass – und wie – sie mit ihren Mitteln umgehen und wie sie damit effektiver arbeiten als der Staat.[3] Deshalb sollten alle Benachteiligungsmaßnahmen, von denen hier im Einzelnen nicht die Rede sein kann und soll, eingestellt werden.

Die Verfassung meint aber noch mehr als nur materielle Mittelgerechtigkeit. Sie will eine freiheitliche Bürgergesellschaft mit größtmöglichem Bildungspluralismus; durch diesen werden nämlich viele individuelle Bildungswege möglich.[4] Hier setzt die Idee des Bildungsgutscheins für das Schulwesen ein.[5] Sie bedenkt nicht nur die quantitative Seite der Sache, das *Was*, sondern sie richtet ihre Aufmerksamkeit besonders auf die Qualität des Verfahrens, das *Wie*. Sie fragt nach der Freiheitlichkeit des Verfahrens, nach seiner bürgerschaftlichen Qualität. Welche Verfahren der Finanzhilfe haben und kennen wir? Es sind derzeit zwei:

- das Aufwandsdeckungsverfahren (Defizitdeckungsverfahren),
- das Pauschalverfahren mit Finanzhilfesätzen pro Kopf des Schülers (p.a.).

Beide Verfahren weisen die grundrechtlich erforderlichen Mittel der Schule als Grundrechtsträger zu. Für die Eltern bleibt es damit beim – oft mächtig erscheinenden – Gegenüber der Institution „Schule“, mit der sie lediglich ein Vertrags- oder Mitgliedschaftsverhältnis haben. Sie selbst zahlen – unter den derzeitigen Rahmenbedingungen – nur einen Beitrag zu den Kosten der Schule, ihren „Elternbeitrag“. Er ist zwar der wichtigste,

---

2 Vgl. vom Verfasser: Ersatzschule, Schulbauförderung und Wartefrist – bildungsökonomische Bemerkungen zu einer janusköpfigen Finanzhilferechtsprechung. In: Zukunftsperspektiven der Freien Schule. Hg. F. Müller u. B.J. d'Heur, Berlin ²1996, S. 253 ff.

3 Vgl. die jährlich veröffentlichten Gesamtjahresabschlüsse der deutschen Waldorfschulen und die entsprechenden Pressedokumentationen (beim Bund der Waldorfschulen erhältlich).

4 Vgl. F.-R. Jach: Schulvielfalt als Verfassungsgebot. Berlin 1991.

5 M. Maurer: Der Bildungsgutschein. Stuttgart 1994.

weil innovativste Teil der Schulfinanzierung; er ist aber quantitativ der kleinere Teil des Erforderlichen (ein Drittel der Kosten pro Schüler oder weniger). Der quantitative Hauptanteil, die staatliche Finanzhilfe, geht am Elternbewusstsein weitgehend vorbei und wird der Institution Schule direkt zugewiesen.

Dabei will die Finanzhilfe ja die „Chancengleichheit" der Bürger und ihrer Kinder sichern helfen; jedermann soll nach dem Urteil des Bundesverfassungsgerichtes seine Kinder auf Schulen in freier Trägerschaft – ohne Rücksicht auf seine finanziellen Verhältnisse – schicken können; es soll keine „Plutokraten"-Gesellschaft, keine „Plutokratenschulen" für die Kinder „reicher Leute" geben (BVerfG 75, 40, 63). Alle Kinder sollen die Chance zum Besuch dieser Schulen haben. Wie kann man das erreichen?

Der Bildungsgutschein – an die Eltern der Schüler gegeben – versetzt diese in die Lage, ihre Kinder auf die Schule ihrer Wahl zu schicken, ohne damit vor unüberwindliche wirtschaftliche Schranken zu gelangen. Dieser Gutschein kostet auch den Staat nicht mehr als das, was er sowieso aufzuwenden verpflichtet ist. Mit der in mehreren Bundesländern üblichen Pauschalzuweisung auf den Kopf des Schülers ist die Kultusverwaltung dem Bildungsgutschein ohnedies schon sehr nahe gekommen: Sie braucht nur noch die Adressaten auszuwechseln, dann stimmt's. Statt an die Institution Schule würde der Bildungsgutschein den sorgeberechtigten Eltern, den Bildung Nachfragenden zugewendet und diese zu individueller Mitwirkung aufrufen. Damit wird die Steuerung des Bildungswesens tatsächlich den Bürgern in die Hand gegeben. Die „Bürgergesellschaft" beginnt im Schulwesen. Denn der Bildungsgutschein stellt im Grunde eine Korrektur der Steuererhebung des Staates bei seinen Bürgern dar: Mittel, die im Bereich der staatlichen Gemeinschaftsaufgaben (hier: im Schulwesen) nicht eingesetzt werden können (weil es sich um die Aufgabenerfüllung grundrechtsgeschützter autonomer, freier Schulen handelt), werden den Berechtigten selbst überlassen. Sie können damit (nur) die Schule ihrer Kinder bezahlen. Die Schule wird auf diese Weise voll finanzierbar – und ist, verfassungsrechtlich gesehen, nicht mehr „hilfsbedürftig". Nicht nur den Eltern, auch ihr ist geholfen! Wenn die Finanzhilfe des Staates verfassungsmäßig korrekt bemessen wird, kostet dieser Weg der „Umadressierung" den Staat keine Mark (keinen Euro) mehr.[6]

---

6 B. Hardorp: Neue Maßstäbe in der staatlichen Finanzhilfe für Freie Schulen? (wie Anm. 2), S. 157 ff.

Dies verändert aber die Freiheitsqualität unserer Gesellschaft! Die Eltern unserer Schüler würden die Wahl der geeigneten Schule für ihre Kinder in ganz anderer Weise als ihre eigene Verantwortlichkeit erleben. Sie sind es dann, die die Schule ihrer Kinder finanzieren, so dass diese existenzfähig bleibt! Sie empfinden sich nicht mehr als „Draußen"-Stehende, zu deren Gunsten die Institution Schule beim Staat die notwendigen Mittel holt. Sie finanzieren vielmehr selbst die Schule – und beteiligen sich daher auch (als „Mit-Glied") an deren Angelegenheiten; sie kümmern sich darum, wie „ihr Geld" zu Gunsten ihrer Kinder in „ihrer" Schule eingesetzt wird; sie fühlen sich gesellschaftlich ernst genommen und beteiligt. Das wird auf das Gesamtklima des Schulwesens eine deutliche, die Selbständigkeit und Selbstverantwortung der Bürger stärkende Wirkung haben; das wird die Bürgergesellschaft in Fahrt bringen![7]

Quantitativ müsste der Bildungsgutschein (je nach Schulart) differieren – wie die Kosten der verschiedenen Schularten es auch heute tun. Eine Sonderschulerziehung ist, auf das Schuljahr und den Schüler gerechnet, eben zunächst teurer als der Besuch eines Gymnasiums – und sie muss es sein. Denn der Fördergedanke muss in der Pädagogik an erster Stelle stehen – dann „stimmt" langfristig auch deren Ökonomie. Letztlich kommen, wie wir wissen, alle Mängel der Erziehung die Gesellschaft teuer zu stehen, weil sie die Leistungsfähigkeit für das Leben untergraben. Sie schwächen den Einzelnen und nehmen damit auch die Mittel der Gesellschaft mehr als nötig in Anspruch. All dem könnten wir durch den Bildungsgutschein wirksam begegnen.[8]

---

7 Vgl. F.-R. Jach: Schulverfassung und Bürgergesellschaft in Europa. Berlin 1999.

8 Siehe auch den tabellarischen Anhang auf den folgenden Seiten.

Wie weit ist es bis zum Bildungsgutschein?

Was wir zum Bildungsgutschein wissen müssen:

Die Ausgaben-Kennwerte pro Schüler staatlicher Schulen (ohne Bauförderung) für die verschiedenen Schularten im Jahr 1996 (keine vollen Kosten) betragen:
(Durchschnittswerte für die BRD)

	DM p.a.
Grundschulen	6.800
Hauptschulen	9.100
Realschulen	8.200
Gymnasien	10.700
Gesamtschulen	10.500
Sonderschulen	20.700

Das sind die faktischen Maßstäbe für den Bildungsgutschein in DM-Größen!

Quelle: Statistisches Bundesamt Wiesbaden, Pressemitteilung 23.3.1999 (Werte für früheres Bundesgebiet).
Ohne Investitionsausgaben, keine Finanzierungskosten, nur Teilversorgungslasten.

Die laufende Regelförderung für die Schulen in freier Trägerschaft betrug am Beispiel der Freien Waldorfschulen im Jahr 1996 im Durchschnitt der BRD:
(ohne Bau- und Baufolgelasten)

	Waldorfschulen DM p.a.	Staatliche Schulen DM p.a.
Der Staat verausgabt für einen Gymnasiasten: (Vergleichsschulart in der Sekundarstufe)		10.700
Ein Waldorfschüler in der Sekundarstufe verursacht jährlich Kosten von:	10.161	
Der Staat fördert einen Waldorfschüler nur mit: (Durchschnittlicher Finanzhilfesatz 1996 pro Schüler vollausgebauter Waldorfschulen)	7.114	7.114
Die Minderleistungen der Länder, gemessen an einem Schüler staatlicher Schulen, betrugen damit pro Waldorfschüler:		**3.586**
Durch die Finanzhilfe nicht gedeckte Kosten pro Waldorfschüler:	3.047	

Die Ausgaben enthalten keine Investitionsanteile und keine Finanzierungskosten.

Die Minderausgaben **des Staates** für freie Schulen bewirken

	pro Schüler	BRD insgesamt
• Deckung durch Waldorfeltern	3.047 DM	143 Mio. DM
• Einsparungen der Schulen	539 DM	25 Mio. DM
= Spareffekt Sekundarstufe	**3.586 DM**	**168 Mio. DM**
• Spareffekt Grundschulstufe	1.348 DM	31 Mio. DM
= Gesamtspareffekt des Staates (Durchschnitt)	**2.820 DM**	**197 Mio. DM**

Insgesamt entsteht bei rd. 70.000 Waldorfschülern in der Bundesrepublik für 1996 ein **Spareffekt von rd. 200 Mio. DM.**

Die freien Schulen können nur das Geld ausgeben, das sie erhalten; daher müssen sie ihre Ausgaben begrenzen (Gehaltsverzicht der Lehrer), und die Eltern müssen die Minderleistung des Staates durch Elternbeiträge ausgleichen. Hinzu kommen noch **Investitionsbeiträge** der Eltern in Höhe von **rd. 39 Mio. DM,** so dass sich eine durch die öffentliche Hand erzwungene **Kostenbeteiligung** von **rd. 235 Mio. DM** ergibt.

Mannheim, 24.3.2000 Dr. B. Hardorp / J. Ramin

Auf dem Weg zu einer Schulverfassung in der Bürgergesellschaft

Interview mit Johann Peter Vogel*

AmS: Können Sie beschreiben, wie sich der Begriff des Staatsbürgers seit dem 19. Jahrhundert gewandelt hat?

Johann Peter Vogel: Das Bild des Staatsbürgers hat sich in Deutschland zusammen mit dem Bild des Staates gewandelt. Der Obrigkeitsstaat des 19. Jahrhunderts, der aufgeklärt-patriarchalisch für seine Untertanen sorgte und wusste, was ihnen gut tut, unterschied zwischen dem Öffentlichen, das der Staat zu gewährleisten hatte – z.B. das Schulwesen –, und dem Privaten, das dem Bürger überlassen blieb. Diese Konstellation hat sich im Schulwesen bis in die Begriffe hinein bis heute erhalten.

In anderen Lebensbereichen, vor allem in der Wirtschaft, haben sich die Bürger verselbständigt; vielerorts übernehmen sie öffentliche Aufgaben; und selbst im Schulwesen, z.B. an anerkannten Ersatzschulen, werden im Zeugnisbereich von freien Trägern Hoheitsrechte wahrgenommen, die früher nur Beamten zukamen. Wir stehen heute in einem Wandlungsprozess hin zur Bürgergesellschaft; dieser Prozess verläuft nicht in allen Lebensbereichen im Gleichschritt, aber er ist nirgends mehr aufzuhalten. Im Schulwesen sind es die Schulen in freier Trägerschaft, die die Vorhut der Bürgergesellschaft sind.

Das Öffentliche ist nicht mit dem Staatlichen gleichzusetzen

AmS: Gibt es eine mündige Bürgergesellschaft?

J.P. Vogel: Bürgergesellschaft setzt mündige Bürger voraus, denn es geht darum, dass der Einzelne verantwortlich für die ganze Gesellschaft – „gemeinnützig" – handelt. Das Öffentliche kann nicht länger mit dem Staatlichen gleichgesetzt werden. Die Bürgergesellschaft entspringt einer pluralistischen Gesellschaftssicht, wie sie der Demokratie eigen ist. Sie muss aber zugleich sozial durch öffentliche (nicht staatliche) Verantwortung

---

* **Prof. Dr. Johann Peter Vogel,** geb. 1932, Rechtsanwalt und Honorarprofessor am Erziehungswissenschaftlichen Fachbereich der Philipps-Universität Marburg. Er ist Geschäftsführer der Arbeitsgemeinschaft Freier Schulen. – Die Fragen stellte Henning Kullak-Ublick.

eingebunden werden. Ich darf für nähere Details auf das vorzügliche Buch von Frank-Rüdiger Jach, „Schulverfassung und Bürgergesellschaft in Europa" (Berlin 1999), verweisen.

AmS: Wer ist für die Erziehung der Kinder verantwortlich, und wie kam es zu dem Anspruch des deutschen Staates, das gesamte Schulwesen kontrollieren zu dürfen?

J.P. Vogel: Verantwortlich für die Erziehung der Kinder sind „zuvörderst" (Art. 6 GG) die Eltern. Der Staat hat von jeher daneben einen eigenen Erziehungsauftrag (Art. 7 Abs. 1 GG). Diese für Deutschland eigentümliche Position geht bis auf die Reformation zurück. In den protestantischen Ländern brach damals das Bildungswesen mit der Aufhebung der katholischen Kloster- und Domschulen zusammen. Luthers Aufruf an die Fürsten und Ratsherren, Schulen zu betreiben, war ein Hilferuf an die, die allein über entsprechende Mittel dafür verfügten.

Aufgeklärte Fürsten sahen alsbald das Machtinstrument, das ihnen hier zuwuchs: 1794 dekretierte das Preußische Allgemeine Landrecht, Schule sei Sache des Staates. Das richtete sich übrigens – auch in katholischen Ländern – nicht gegen Privatschulen, die eine nur marginale Rolle spielten, sondern gegen die Kirchen. Vielleicht wäre die deutsche Entwicklung doch noch wie in Belgien verlaufen, wenn die bürgerliche Revolution 1848/49 gelungen wäre; so aber überstand das staatliche Schulwesen unangefochten zwei politische Zusammenbrüche und mehrere Regimewechsel. Auch heute ist die Mitwirkung der Eltern in und an der staatlichen Schule marginal.

Notwendige Wandlungen der Schulaufsicht

AmS: Ist die staatliche Schulaufsicht ein Relikt aus dem Obrigkeitsstaat?

J.P. Vogel: Die staatliche Schulaufsicht ist ein Ergebnis der deutschen Schulgeschichte. Das zeigt am besten die nahezu unangefochtene Interpretation des Art. 7 Abs. 1 GG, der zwar nur von „Aufsicht über das gesamte Schulwesen" spricht, tatsächlich aber als Inbegriff aller Dispositionsrechte über das Schulwesen verstanden wird. Erst der nach Jahrzehnte langem Vordenken erfolgte Durchbruch zu mehr Selbstbestimmung der Einzelschule und reduzierender Wandlung der Schulaufsicht scheint an diesem Verständnis zu rütteln.

AmS: Wie müsste die Schulaufsicht einer mündigen Bürgergesellschaft aussehen?

J.P. Vogel: Gehen wir in der Bürgergesellschaft von einem öffentlichen Schulwesen aus, das von staatlichen und freien Trägern gleichberechtigt betrieben wird, dann dürfte die angemessene Schulaufsicht nicht mehr allein beim Staat liegen, der selbst Schulträger ist. Das ist etwa so, als übernähme Mercedes den TÜV. Man könnte sich also vorstellen, dass die freien Träger an der staatlichen Aufsicht beteiligt werden, oder noch weitergehend, wie von der Hans-Böckler-Stiftung vorgeschlagen, dass eine unabhängige Stelle die Aufsicht/Beratung/Evaluation übernähme.

AmS: Darf es überhaupt externe Qualitätskontrollen im Schulbereich geben; was könnten sie leisten, und wer könnte ihre Kriterien sachgemäß formulieren?

J.P. Vogel: Wenn es überhaupt eine Qualitätskontrolle im Schulwesen geben sollte – und dafür spräche viel, wenn man dem Markt nicht alle Maßstäbe überlassen will –, dann wird sie eine externe sein müssen. Das ist dann kein Unglück, wenn die Maßstäbe, nach denen sie verfährt, die pädagogischen Zielsetzungen der einzelnen Schule im Auge behält. Die Schulen sollten es sogar begrüßen, wenn eine fachkundige Institution Vergleichsuntersuchungen durchführt, auf Fehler aufmerksam macht und Vorschläge für Verbesserungen vorträgt; so könnte Betriebsblindheit wirkungsvoll bekämpft und ein bestimmtes Niveau erhalten werden.

Der Einfluss des Prüfungswesens auf die pädagogische Qualität

AmS: Wie beeinflusst das Prüfungswesen die pädagogische Qualität der Schulen?

J.P. Vogel: Aus heutiger Sicht ist das Berechtigungswesen neben der staatlichen Lehrerbildung wohl die wirkungsvollste Einrichtung zur Steuerung des Schulwesens. Zum einen greift es tief in die Inhalte der Bildungsangebote ein, denn diese müssen so zugerichtet werden, dass sie möglichst objektiv abgeprüft werden können. Am objektivsten kann man das vergleichen, was gleichartig ist. Deshalb ist heute die Vielfalt, die sich durch die Profilierung der Schulen entwickelt, aufs Höchste gefährdet durch die politisch so überaus schlagkräftige Forderung nach zentralen Prüfungen, die gleichsam den chaotischen Urwald, den die Vielfalt im Schulwesen angeblich anrichtet, wieder zur geordneten Baumschule macht.

Zum anderen hat sich das Berechtigungswesen emanzipiert für Zwecke, die mit der Pädagogik nicht mehr viel zu tun haben. Die Noten, vom

Lehrer als Kürzel für die Leistung eines Schülers, den er kennt, verwendet, verselbständigen sich schon dadurch, dass aus mehreren solcher Kürzel Durchschnitte gebildet werden. Durchschnitte aus Noten in mehreren Fächern entfernen sich schon erheblich von der individuellen Leistung. Wenn dann, wie in Bayern, auch noch die Qualität der Schule nach den Durchschnitten aller Abiturnoten gemessen wird und der Kommissar nach dem Rechten sieht, wenn die Abweichungen vom Landesdurchschnitt zu groß werden, dann zeigt sich die völlige Entfremdung des Instruments als Druckmittel für ganz andere Zwecke, die dann aber wieder auf die Pädagogik der Schule zurückschlagen.

Auf dem Weg zu einem freien Schulwesen

AmS: Wird Schule immer staatlich bleiben, und was ist eine freie Schule?

J.P. Vogel: In Deutschland wird die Staatsschulquote – derzeit bei 95 % – immer sehr hoch bleiben. Bei 10 Millionen Schülern sind ein Prozent schon 100.000 Schüler bzw. 200 große Schulen. Wer soll die gründen? – Die Arbeitsgemeinschaft Freier Schulen nimmt die Bezeichnung „frei" als Kurzform für „freie Trägerschaft". Wenn hier nach „freier Schule" gefragt wird, dann könnte dies auch eine weitgehend selbstbestimmte Schule meinen, und dies wäre, bei entsprechender Funktion der staatlichen Schulaufsicht (s.o.) auch im staatlichen Bereich denkbar. In der Bürgergesellschaft könnte die Unterscheidung von Schulen nach ihrer Trägerschaft gleichgültig werden; wichtiger wäre ihr Profil und ihre Qualität. Die Schulen wären dann alle „frei" in einem neuen Sinne. – Das hat übrigens nichts mit „Privatisierung" des Schulwesens zu tun. Dieses Schreckgespenst ist die Folge überlebter Nomenklatur: Auch die „Privatschule" ist eine öffentliche Schule mit öffentlicher Zugänglichkeit und erfüllt in öffentlicher Verantwortung einen öffentlichen Bildungsauftrag, denn in Deutschland ist Bildung – wie sich aus Art. 7 Abs. 1 GG ergibt – stets eine öffentliche Aufgabe.

AmS: Ist eine freies Schulwesen finanzierbar?

J.P. Vogel: Ist das Schulwesen überhaupt noch finanzierbar? Ausgerechnet die den Gewerkschaften nahe stehende Hans-Böckler-Stiftung macht in ihren Empfehlungen den Vorschlag, das Schulgeld, jedenfalls außerhalb des Pflichtschulbereichs, wieder einzuführen (übrigens mit Bildungskonto und Bildungsgutschein!). Es scheint zunächst, als sei ein individuell geprägtes Schulwesen in der Bürgergesellschaft notwendig teurer als das derzeitige zentral verwaltete. Solange allerdings erhebliche Zweifel an der Effektivität der Staatsschule bestehen, dürfte nur eines sicher sein: dass nämlich Schulen in freier Trägerschaft im allgemeinen ökonomischer arbeiten, schon deshalb, weil sie weniger Geld zur Verfügung haben und trotzdem gleichwertige Leistungen erbringen.

AmS: Ist generell eine gleichberechtigte Partizipation staatlicher und nichtstaatlicher Schulen am Bildungswesen denkbar, und was wären dafür die unverzichtbaren Voraussetzungen?

J.P. Vogel: Wenn staatliche und freie Schulen gleichberechtigt die öffentliche Aufgabe der Bildung in Vielfalt erfüllen sollen, sind folgende Voraussetzungen unverzichtbar:

– eine Schulaufsicht, an der alle Träger beteiligt sind (s.o.),
– eine Lehrerbildung, in der die wesentlichen pädagogischen Richtungen angeboten werden,
– ein Berechtigungswesen, das Kriterien der Gleichwertigkeit enthält, und
– eine gleiche Finanzierung aller Träger (z.B. Bildungsgutschein).

Zum Verfassungsentwurf der AmS

AmS: Können Sie sich ein Schulwesen vorstellen, das seine rechtliche Grundlage in dem Verfassungsentwurf der AKTION MÜNDIGE SCHULE hat? Welche Auswirkungen hätte ein Erfolg unserer Volksinitiative Ihrer Meinung nach auf das Schulwesen?

J.P. Vogel: Nach allem Gesagten: ja! Die Auswirkungen des Verfassungsentwurfs hängen zwar von den Landesgesetzen und der Einstellung der Schulaufsichtsbeamten ab, aber dass sie grundsätzlich positiv sind, darf vermutet werden.

AmS: Unsere Volksinitiative wartet seit September 1998 auf ein Urteil des Bundesverfassungsgerichtes, um mit ihrer Arbeit fortfahren zu können. Wie lange wird es nach Ihrer Erfahrung noch dauern, bis wir das Urteil bekommen werden?

J.P. Vogel: Das Bundesverfassungsgericht hat mittlerweile Verweildauern von fünf Jahren – also: 2003!

AmS: Ist eine derart lange Zwangspause bei einer Volksinitiative zu rechtfertigen?

J.P. Vogel: Das Problem der immer länger dauernden Prozesse trifft nicht nur Volksinitiativen. Überall, wo Genehmigungen im Streit stehen, wirkt die Prozessdauer gegen den Kläger, d.h. die Initiative. Der Rechtsstaat ist ein Rechtsmittelstaat. Die Berliner Schulinitiative, die schließlich das bedeutsame Grundschul-Urteil beim Bundesverfassungsgericht 1992 erwirkt hat, hat zwar den Prozess gewonnen, war aber nach 15 Jahren Instanzenzug nicht mehr in der Lage, die Schule zu gründen; Gebäude, Schüler, Eltern, Lehrer und Finanzen hatten sich zerstreut. Die Berliner Schulverwaltung hat den Prozess verloren und dennoch verhindert, dass die Schule gegründet wurde.

So geht es auch im Prozess um die „Landeskinderklauseln" in den Hansestädten: Auf die Dauer des Prozesses können die Schulen Schüler aus anderen Ländern schließlich nicht mehr verkraften; selbst wenn der Prozess gewonnen wird, hat sich der Markt zu Ungunsten der Schulen verändert; die Eltern haben sich anders orientiert. So auch bei Volksinitiativen; der Zeitablauf entzieht der Initiative das Fußvolk und das öffentliche Interesse.

Je länger heute die Prozesse dauern (und sie dauern immer länger), desto rechtloser werden die Kläger, desto stärker arbeiten die Zeit und die sich wandelnden Umstände für die Verwaltungen, die zudem keinerlei Risiko bei Ablehnungen tragen. Zu rechtfertigen ist das in keiner Weise; aber ändern tut sich nichts, denn der „Sachzwang", der von zu schwach besetzten Gerichten ausgeht, ist Parlamenten und Verwaltungen willkommen.

AmS: Was möchten Sie den LehrerInnen der Zukunft in die Herzen schreiben?

J.P. Vogel: Die Lehrerausbildung und die Praxis der Unterrichtsgenehmigungen bringen es mit sich, dass üblicherweise Lehrer „von der einen Seite der Theke auf die andere Seite wechseln"; Lebenserfahrung und Risikobereitschaft werden dadurch nicht gefördert. Ich wünsche jedem Lehrer auf dem Weg zu seiner Lehrertätigkeit einen Zeitraum, in dem er etwas ganz anderes macht, ein „Praktikum" in einer anderen Berufstätigkeit oder einem anderen Lebenszusammenhang. Und ich wünsche ihm den Mut, sich ganz auf seine Schüler einzulassen und ihnen mit Zuneigung und Konsequenz zu begegnen.

Ein Brief

von Ministerpräsidentin Heide Simonis (SPD)

Sehr geehrter Herr Kullak-Ublick,
in Ihrem Buch „Erziehung zur Freiheit – in Freiheit" wollen Sie aus unterschiedlichen Perspektiven pädagogische und bildungspolitische Ideen zusammenführen. Die Beiträge sollen helfen, die vor uns liegenden Aufgaben zu bewältigen. Dort, wo es angebracht ist, erwarten Sie von den Autoren deutliche Akzentuierungen. Ich komme Ihrem Wunsch gern nach, werde mich dabei aber auf einige Grundüberlegungen beschränken.

Die vor uns liegenden pädagogischen Aufgaben sind gewaltig und bedürfen der Anstrengung aller, insbesondere der Eltern, der Lehrkräfte, der Ausbilderinnen und Ausbilder in allen Institutionen. Die Globalisierung der Wirtschaft, der Informationen des Wissens und seiner Anwendungsmöglichkeiten wird unsere Lebenswelt zunehmend prägen und unser pädagogisches Handeln beeinflussen. Das Ziel, Schülerinnen und Schülern Grundlagen für ein erfülltes Leben in Frieden und Freiheit zu schaffen und zu sichern, dürfen wir dabei nicht aus den Augen verlieren. Das heißt:

Wir müssen es unseren Kindern und Jugendlichen auch in Zukunft ermöglichen, qualifiziertes Wissen zu erwerben und am gesellschaftlichen Leben teilnehmen zu können. Diesen Zielen folgt u.a. das Schulgesetz, und unsere Lehrpläne konkretisieren sie in fachlichen und fachübergreifenden Bereichen.

Art. 7 des Grundgesetzes stellt das Schulwesen unter die Verantwortung des Staates. Dahinter steht die feste Überzeugung, dass unsere Schule ein unverzichtbares Moment gesellschaftlicher Integration und Verständigung ist. Ausschließlich in einem demokratisch legitimierten Schulwesen ist ein politischer Konsens über eine Grund- und Allgemeinbildung zu erreichen. Der staatlich gesetzte Rahmen schränkt die Selbständigkeit der Schulen nicht ein. Er sichert vielmehr die Entfaltungsmöglichkeiten und Mitwirkungsrechte der Eltern, Schülerinnen und Schüler sowie der Lehrkräfte. Das Recht und damit auch die Pflicht zur Selbstverwaltung und Selbstverantwortung ist im § 3 Abs. 1 des Schulgesetzes geregelt. Mit seiner Umsetzung lebt die Schule den Schülerinnen und Schülern demokratisches Handeln vor. Sie steht damit für die Erziehung zu Verantwortungsbereitschaft und Mündigkeit.

Die Schulaufsicht hilft, den staatlichen Bildungsauftrag umzusetzen. Ihre Verwaltungs- und Organisationsaufgaben haben einen genuin pädagogischen Auftrag. So berät sie Schulen in vielfältigen Fragen, initiiert, moderiert und evaluiert Schulentwicklungsprozesse, sichert die Qualität des Unterrichts und der Schulabschlüsse. Insbesondere die Qualität der Schulabschlüsse ist für die Ausbildungschancen junger Menschen von ganz entscheidender Bedeutung. Die genannten Aufgaben werden nicht „von oben herab" wahrgenommen und führen nicht zu „einsamen Entscheidungen". Sie resultieren – je nach Zielgruppe – aus einem ständigen Dialog mit Schulleiterinnen oder Schulleitern, Elternvertretungen, Schülerinnen und Schülern, Verbänden und Schulträgern, Ausbilderinnen und Ausbildern.

Schulaufsicht macht mit ihrer Tätigkeit Maßnahmen und Entscheidungen transparent und überprüfbar. Das trägt ganz wesentlich zu ihrer Akzeptanz und zur Konsensbildung bei. Insofern ist Schulaufsicht ein integrales Moment des Schulwesens und der einzelnen Schulen, und als solche wird sie wahrgenommen und auch beansprucht.

Als besonders wichtig empfinde ich es auch, dass wir Schülerinnen und Schüler nicht gängeln. Sie sollen offen sein und bleiben für Erfahrungen, die sie mit ihren Eltern, Freunden, Lehrkräften und Mitmenschen machen. Solche Erfahrungen lassen sich mit Begriffen wie z.B. Toleranz und Mitmenschlichkeit, Respekt und Achtung vor Andersartigkeit, Konsensfähigkeit und Friedfertigkeit, Bewahrung der Natur, Kritikfähigkeit und Leistungswillen umschreiben. Unsere Schulen leisten hierfür einen bedeutenden Beitrag.

Mit freundlichen Grüßen
Ihre Heide Simonis

24. März 2000

Wohin geht die Schule?

Interview mit Gregor Gysi*

AmS: Worin sehen Sie die größten pädagogischen Aufgaben der näheren Zukunft?

Gregor Gysi: Nach Ablauf des „Jahrhunderts des Kindes", das nur so hieß und den Kindern enorme Probleme hinterlassen hat (Ozonloch, Massenarbeitslosigkeit, Waffenbestände), sollte ein Bewusstsein dafür geschaffen werden, dass der Mensch – und zwar der ganze – ebenso wie die ganze Menschheit – nicht nur der reiche Norden oder die Deutschen – endlich im Mittelpunkt allen Handelns stehen müssen. Für die Pädagoginnen und Pädagogen bedeutet das m.E., „die Menschen zu stärken und die Sachen zu klären" (von Hentig), d.h. Kinder und junge Leute zu ermutigen, Zivilcourage zu zeigen, eigene Wege zu gehen, sich nicht nur als Ware Arbeitskraft verwerten zu lassen und auch Kunst und Kultur zu genießen und zu betreiben. Es gibt auch ein Leben jenseits von Schule und Job.

Die Sachen, die heute geklärt werden müssen: Wir brauchen Vollbeschäftigung im neuen Sinne (nicht nur für Männer, acht Stunden täglich, ein Leben lang). Das ist mach- und bezahlbar. Das gilt es zu erklären. Krieg ist spätestens heute nicht mehr führbar – in welchem Namen auch immer –, weil die Zivilisation zerstört und doch kein Problem gelöst wird (Beispiel: Kosovo). Pädagoginnen und Pädagogen müssen das erklären und auf ihre Weise für die „Bewahrung der Schöpfung" sorgen (auch Ozonloch und geklonte Schafe werden von Menschen gemacht).

AmS: Wer ist in Deutschland für die Erziehung der Kinder verantwortlich, und wie kam es zu dem Anspruch des deutschen Staates, das gesamte Schulwesen kontrollieren zu dürfen?

G. Gysi: Das ist historisch erkämpft im Prozess der Zurückdrängung des Einflusses der Kirche. Bildung und Erziehung sind eine gesamtgesellschaftliche Aufgabe, also von Familie, Gemeinde, Nachbarschaft, gesellschaftlichen Gruppen. Der Staat darf sich jedoch nicht aus der Verantwortung stehlen und der Privatisierung Vorschub leisten, was bedeuten würde, die Erziehung den Bildungs- und Medienkonzernen auszuliefern. Ande-

---

* **Dr. Gregor Gysi** ist Rechtsanwalt und Mitglied des Bundestages (PDS). – Die Fragen stellte Henning Kullak-Ublick.

rerseits brauchen wir aber auch mehr Demokratisierung, Kommunalisierung, mehr Mitbestimmung für SchülerInnen und Eltern.

AmS: Ist die staatliche Schulaufsicht ein Relikt aus dem Obrigkeitsstaat? Wohin muss sich die Schulaufsicht in einer mündigen Bürgergesellschaft entwickeln?

G. Gysi: Staatliche Schulaufsicht war historisch ein Fortschritt gegenüber der Kirchenaufsicht, ist heute aber tatsächlich eher ein Relikt obrigkeitsstaatlichen Denkens. Die PDS-BildungspolitikerInnen haben schon vor Jahren Vorstellungen vorgelegt, wie das Bildungswesen von gewählten „Schulkammern" verwaltet werden kann – ähnlich wie Industrie-, Handels- oder Ärztekammern gesellschaftliche Bereiche im Rahmen der Gesetze selbst regeln. So hätten die Länder nur Rechtsrahmenaufsicht.

Ansonsten benötigen wir organisierte „Schulberatung" von Spezialistinnen und Spezialisten und Schulkolleginnen und Schulkollegen. Diese so genannte „Peer-group"-Evaluation funktioniert z.B. in Ungarn und den Niederlanden. Heute muss und kann man nicht alles „von oben" regeln. Allerdings setzt das voraus, dass Eltern, LehrerInnen und SchülerInnen wirklich selbst mitbestimmen können: z.B. auch bei Schuletataufstellung mitentscheiden sowie bei Einrichtung oder Schließung von Schulen. Der Staat (Bund, Länder und Gemeinden) müsste jedoch in der Pflicht bleiben, das Bildungswesen ausreichend zu finanzieren.

AmS: Wird Schule immer staatlich bleiben, und was ist eine freie Schule?

G. Gysi: Diesen Gegensatz sehe ich nicht. Im Gegenteil: Unser staatliches öffentliches Bildungswesen müsste das freiheitlichste, demokratischste, fortschrittlichste werden und könnte es sein, da die öffentlichen Schulen sich weder einzelnen Unternehmen und ihren Marktinteressen verpflichtet fühlen müssen noch bestimmten Dogmen und Ideologien wie z.B. katholische Schulen. Schulen in freier Trägerschaft sind dann überflüssig, wenn alle Schulen ihr eigenes inhaltliches Profil entwickeln und weitestgehend über ihre Organisation entscheiden können.

AmS: Woran liegt es, dass freie Schulen in Deutschland gegenüber den staatlichen Schulen rechtlich und finanziell benachteiligt werden? Gibt es dafür substantielle Gründe?

G. Gysi: Deutschland hat schlechte historische Erfahrungen mit privaten Vorschulen, Schulen und Bildungseinrichtungen gemacht, und auch die ideologische Bindung mancher Privatschule und ihre soziale Selektionsfunktion lassen eine Rechtsrahmenaufsicht und Kontrolle begründbar erscheinen. Das darf jedoch nicht in Gängelei und Verhinderung von Schulvielfalt und Selbstverwaltung ausarten. Ich sehe keinen Grund, Schulen, die auf dem Boden des Grundgesetzes arbeiten, finanziell zu benachteiligen, und kann insofern den Zielen Ihrer Initiative nur zustimmen.

AmS: Die schleswig-holsteinische Volksinitiative „Schule in Freiheit", die sich für eine Modernisierung der verfassungsrechtlichen Grundlagen des Schulwesens einsetzt, wurde im September 1998 vom Schleswig-Holsteinischen Landtag für unzulässig erklärt und wartet seitdem auf ein Urteil des Bundesverfassungsgerichtes, um mit ihrer Arbeit fortfahren zu können. Ob Absicht oder nicht: Für eine Volksinitiative ist eine derart lange Zwangspause nur sehr schwer durchzuhalten. Halten Sie das für gerechtfertigt?

G. Gysi: Die Entscheidung des Schleswig-Holsteinischen Landtags kann ich – ausgehend von meinem Kenntnisstand – nur schwer nachvollziehen. Die PDS hat immer schon Volksinitiativen, -entscheide und -begehren für die „Demokratisierung der Demokratie" gefordert, denn in dieser Beziehung ist unsere Verfassung durchaus ergänzungsbedürftig. Eben weil durchaus nicht jedes politische Problem vom Bundesverfassungsgericht gelöst werden kann und die von Ihnen erwähnte „Zwangspause" natürlich weiteres Arbeiten behindert, sollten die Rechte von Volksinitiativen festgeschrieben werden.

AmS: Was möchten Sie den Lehrerinnen und Lehrern der Zukunft in die Herzen schreiben?

G. Gysi: Um der Ihnen anvertrauten Kinder und Jugendlichen willen: Lassen Sie sich weniger als bisher gefallen, wehren Sie sich gemeinsam gegen die weitere Verschleppung der notwendigen Bildungsreform, gegen die Verschlechterung der Arbeitsbedingungen. Und misstrauen Sie der „Obrigkeit": Sie sagt „Zukunft" und spart nicht zuletzt auch auf Kosten der Kinder. – Ich wünsche Ihrer Volksinitiative viel Erfolg.

Schule - aber wie?

Interview mit Harm Paschen*

AmS: Wo sehen Sie die größten (schul-)pädagogischen Herausforderungen der näheren Zukunft?

Harm Paschen: Bestehende und neue Schulen zu entwickeln, in denen Menschen umfassend (Unterricht, Erziehung, Bildung) und ganzheitlich ausgebildet werden und in denen ihnen von den Lehrkräften Selbstinitiative, Selbstverantwortung, Selbstgestaltung vorgelebt werden.

AmS: Welche pädagogischen Hauptströmungen gibt es in unserer Zeit?

H. Paschen: In der Pädagogik gibt es immer alternative Ansätze, zwischen denen sich Verantwortliche entscheiden müssen, die sich aber auch gegenseitig kritisch sehen. Zur Zeit lassen sich wissensorientierte, entwicklungsbezogene (z.B. Montessori, Waldorf) und auf Kompetenzen gerichtete (z.B. Laborschule) Schulansätze unterscheiden.

AmS: Lassen sich diese Ströme sinnvoll vereinigen, oder liegt ihre jeweilige Qualität gerade in ihrer Unverwechselbarkeit?

H. Paschen: Wohl werden Mischungen versucht, aber eine Hauptorientierung ist immer dominant und beeinträchtigt die Nebenintentionen. Eine Schule, die überwiegend Wissenserwerb steuert, sichert soziales Lernen nicht mit einer Projektwoche mit Behinderten.

AmS: Wie beeinflusst das Prüfungswesen die pädagogische Qualität der Schulen?

H. Paschen: Das staatliche Prüfungswesen soll pädagogische Qualität sichern, orientiert sich aber auch hier jeweils an einer der möglichen Pädagogiken. Das kann für andere Pädagogiken kontraproduktiv sein, insbesondere dort, wo eine Pädagogik andere Entwicklungsvorstellungen hat.

AmS: Wie müsste die Schulaufsicht einer mündigen BürgerInnengesellschaft aussehen? Ist die staatliche Schulaufsicht ein Relikt aus dem Obrigkeitsstaat?

H. Paschen: Eine pädagogisch(!) „mündige Bürgergemeinschaft" entsteht erst, wenn Alternativen frei gewählt werden können und die entspre-

* **Prof. Dr. Harm Paschen** lehrt Allgemeine Erziehungswissenschaft an der Universität Bielefeld. Bei der Beantwortung unserer Fragen wies er darauf hin, dass es ihm aus Zeitmangel nicht möglich sei, die Fragen mit der Gründlichkeit zu bearbeiten, die er für angemessen halte. Wir danken ihm, dass er uns trotzdem geantwortet hat. – Die Fragen stellte Henning Kullak-Ublick.

chenden Informationen und Urteilskräfte über Intentionen, Formen, Wirkungen unterschiedlicher Schulen entwickelt sind. In einer derartigen Entwicklung behält staatliche Schulaufsicht die generelle Aufgabe, die Erfüllung des Rechts auf Bildung qualitativ zu prüfen. Aber neue Aufgaben werden dann die Unterstützung und Beratung von Schulen sein, sowie als ein Diskussions-, Entwicklungs- und Forschungsforum für schulpädagogische Vielfalt zu arbeiten.

AmS: Gibt es eine weltanschauungsneutrale Pädagogik?

H. Paschen: Es gibt Schulpädagogiken, die sich für weltanschaulich neutral halten, wenn sie nur wissenschaftlich legitimiertes Wissen vermitteln, über verschiedene Weltanschauungen und Religionen informieren oder unterschiedliche Weltanschauungen ihren Adressaten freistellen bzw. als Selbstbestimmungen fordern. Zugleich wird bei ihnen aber ein wissenschaftliches Wissen als objektives, allein wirkliches und technisch wirksames vermittelt, und dies kann so selbst zu einer Weltanschauung werden, die keine anderen Wissensformen mehr anerkennt. Andererseits müssen Schulpädagogiken in einem säkularen Staat legitimiert werden. Art. 7 (GG) hält aber alle Möglichkeiten offen. Das Recht auf eine „Weltanschauungsschule“ stammt dabei ursprünglich aus den eigenen, sozialistischen Interessen der SPD (Weimarer Verfassung).

AmS: Können Sie Kriterien für eine pädagogisch sinnvolle Evaluation von schulischen Qualitäten nennen?

H. Paschen: Da wir nicht sicher wissen, welche Qualitäten für die Zukunft entscheidend sein werden, muss verfolgt werden, wie eine Schule die Vermittlung notwendigen *Wissens,* moderne *Erziehungsziele* und grundlegende *Bildungen* sichert. Weitere Kriterien für die Schulqualität sind daher Bewusstheit, Organisation und Erfolg der Selbstevaluation. Pädagogisch sinnvoll erscheinen auch die Kriterien Engagement und Erfolg in der selbstverantworteten Programmatik (Schulprofil) und ihrer Gestaltung. Wir benötigen für die Evaluation aller Bereiche aber neben Leistungstests noch zusätzliche, intelligente Indikatoren (Schülerproduktionen, Gesundheit, Absolventenstudien, Verweildauer und weitere).

AmS: Was ist eine freie Schule, und gibt es sie schon?

H. Paschen: Freie Schule wird z.Zt. in Deutschland gebraucht von Schulen, die bestimmte Freiheiten (Curriculum, Methoden, Einstellung von Lehrkräften, Schülerauswahl) in Anspruch nehmen und diese im Hinblick auf Genehmigungspflicht, Subsidiarität, Prüfungen ausdehnen möchten. Bei Transformationen von Steuerungsformen (Staat, Schule) sind aber nicht nur die Vorteile, sondern auch die Nachteile, insbesondere Grenzen und Bedingungen realistisch zu sehen und zu nennen.

AmS: Können Sie sich ein Schulwesen vorstellen, das seine rechtliche Grundlage in dem Verfassungsentwurf der AKTION MÜNDIGE SCHULE hat?

H. Paschen: Nach den Bundesverfassungsgerichtsurteilen scheint mir die rechtliche Lage nicht weit davon entfernt. Sie würde sicher durch einen solchen Artikel 8 (neu) deutlicher verankert werden. Das entscheidende Problem aber, wer und nach welchen Kriterien „andere" Schulen genehmigt und Genehmigungen widerrufen kann, wird hier nicht geregelt.

AmS: Welche Auswirkungen hätte ein Erfolg unserer Volksinitiative Ihrer Meinung nach auf das Schulwesen?

H. Paschen: Beginn eines (vielleicht schon eingesetzten) tiefgreifenden Strukturwandels, der neben mehr pädagogischer Qualität auch neue Probleme bringen wird (höhere Anforderung an Lehrkräfte, Mangel an adäquaten Fähigkeiten, unangemessener Konkurrenzkampf).

AmS: Was möchten Sie den LehrerInnen der Zukunft in die Herzen schreiben?

H. Paschen: Ich möchte nichts in die Herzen von Lehrkräften hineinschreiben. Ich bestärke Lehrkräfte (vor allem in der Ausbildung) darin, das, was sie an Liebe, Verantwortung, Zukunftsmut, Gestaltungswillen, Selbstkritik in ihrem Herzen haben, nicht nur im Unterricht, sondern auch bei der Gestaltung ihrer Schulen einzusetzen, so sich gegen alle Widrigkeiten als freie Menschen versuchen zu bewähren und dies den Kindern der Zukunft vorzuleben.

Privatschulen in der Zwickmühle zwischen Beliebtheit und Beeinträchtigung

Peter Struck

Immer mehr Eltern misstrauen den staatlichen Schulen; fast 10 % eines Schülerjahrgangs werden mittlerweile bundesweit auf Privatschulen gemeldet, und die Zahl der Privatschüler steigt stärker als die Schülerzahlen an sich. Der Anteil der Privatschüler an den allgemeinen Schülerzahlen wäre jedenfalls noch weitaus größer, wenn die freien Schulen, die Montessorischulen, die Waldorfschulen, die Schülerschulen, die Internationalen Schulen und andere staatlich genehmigte oder gar anerkannte „Ersatzschulen", wie sie in den Gesetzestexten heißen, sämtliche Bewerber aufnehmen könnten. Gerade die Waldorf- bzw. Rudolf-Steiner-Schulen, die Konfessionsschulen, die Schülerschulen und die Montessorischulen haben nämlich oft doppelt so viele oder mehr Interessenten, als sie Plätze haben.

Die Privatschulen haben durchweg – so zeigen repräsentative Untersuchungen wie die gerade von der Zeitschrift *Familie & Co* erstellte – engagiertere Lehrer, eine bessere erzieherische Betreuung über die unterrichtliche hinaus, moderne Lehr- und Lernmethoden, bessere Leistungsresultate und eine intensivere Eltern-Lehrer-Kooperation als die staatlichen Schulen. Ohne das sehr bunte und vielfältige Angebot der Privatschullandschaft (dazu gehören bundesweit neben Internaten und Landerziehungsheimen auch Hochbegabtenschulen, Sportgymnasien, Computerschulen, Legasthenikerschulen, Deutsch-Französische-Schulen und Dänische Schulen) würde so manch ein Schüler nicht das für seine Individualität besonders geeignete Profil im Sinne von Förderung oder auch von Entlastung finden.

Eine pluralistische Gesellschaft vermag nur dann wirklich demokratisch und im Zuge des europäischen und weltweiten Zusammenwachsens, das wir ja auch Globalisierung nennen, integrativ zu sein, wenn sie ein pluralistisches Schulsystem anbietet. Dem versucht man mittlerweile innerhalb des öffentlichen Schulwesens mit dem Angebot einer Fülle von Schulprogrammen zu entsprechen, dazu gehört aber auch die Ergänzung durch nichtstaatliche Ersatzschulen mit besonderen thematischen oder weltanschaulichen Profilen, die von Eltern erwartet werden und die besondere Schülerbegabungen und -interessen pflegen.

Genehmigte Privatschulen werden von Eltern oder anderen Trägern finanziert, während anerkannte Privatschulen vom Staat bezuschusst werden. Da die Eltern von Privatschülern ebenso Steuern zahlen wie diejenigen, die ihre Kinder auf staatliche Schulen schicken, müsste jedes Bundesland eigentlich den Privatschulen genauso viel Geld pro Schüler zuweisen wie den staatlichen Schulen. Aber das geschieht keineswegs, und es ist von Land zu Land höchst unterschiedlich geregelt. Selbst die anerkannten Ersatzschulen bekommen oft nur 60 bis 80 % der Pro-Kopf-Gelder, die die staatlichen Schulen erhalten, so dass die Privatschulen insgesamt die Haushalte der für Schulen zuständigen Ministerien erheblich entlasten. Sie helfen dem Staat zu sparen. Seit Jahren gibt es deshalb dazu immer wieder Streitereien vor Verwaltungsgerichten.

Und dennoch scheint sich Vater Staat damit noch nicht zufrieden zu geben, denn die aktuellen Bonner Steuerreformpläne sehen vor, die Absetzbarkeit von Schulgeld ganz zu streichen, so dass zunächst viele Familien und danach auch viele Privatschulen in finanzielle Schwierigkeiten geraten werden.

Vor dem Hintergrund des viel zitierten Schlagwortes von der Zukunft des „Wissenschafts- und Wirtschaftsstandortes Deutschland", aber auch im Angesicht unseres Vielfalt wollenden Grundgesetzes ist das ein Skandal, zumal wenn diese Steuerinitiative von einer Regierungspartei ausgeht, die in den 60er und 70er Jahren als die Bildungspartei firmierte. Oder verbirgt sich hinter der Beeinträchtigung der leistungsstarken Privatschulen etwa immer noch das uralte ideologische Ansinnen der Sozialdemokraten, eine staatsmonopolistische Einheitsschule für alle durchzusetzen?

Erschwernisse für die freien Schulen in Schleswig-Holstein beseitigen

Forderungen der Waldorfschulen an das Parlament

Bernd Hadewig*

Schleswig-Holstein hat gewählt. Am 27. Februar 2000 haben die Wähler die Mehrheit der bisherigen Regierungskoalition von SPD und Bündnis 90/Die Grünen bestätigt. CDU, FDP und SSW (Vertretung der dänischen Minderheit) bilden die Opposition im diesmal für fünf Jahre gewählten Landtag. Der Landeselternrat und die Landesarbeitsgemeinschaft der Freien Waldorfschulen (LAG) fordern die Abgeordneten des neu gewählten Landtages auf, die Erschwernisse für die freien Schulen im nördlichsten Bundesland endlich zu beseitigen!

Bei den seit 1989 jeweils von der Landesregierung vorgeschlagenen Schulgesetzinitiativen sind in methodischer Regelmäßigkeit finanzielle Schlechterstellungen und bürokratische Einschränkungen für die freien Schulen und dabei insbesondere für die Waldorfschulen beinhaltet gewesen. Immer wieder mussten wir gegen diese, unsere Schulen bedrängenden Vorhaben angehen. Wir weisen in diesem Zusammenhang hin auf unsere zahlreichen dazu abgegebenen, teilweise sehr detaillierten und ausführlich begründeten Stellungnahmen, insbesondere zu den Schulgesetznovellen 1990 und 1998 sowie zu den verschiedenen Haushaltsbegleitgesetzen, durch die Änderungen des Schulgesetzes erfolgten.

Für die neue Wahlperiode der Jahre 2000 bis 2005 sind unsere Forderungen vor allem:

1. Gerechte Bezuschussung der laufenden Betriebskosten einführen

Die Landeszuschüsse zu den laufenden Betriebskosten der Waldorfschulen in Schleswig-Holstein sind in den letzten Jahren Zug um Zug auf den

---

* **Bernd Hadewig,** geb. 1946, ist Lehrer und Geschäftsführer an der Freien Waldorfschule Eckernförde sowie Sprecher der „Landesarbeitsgemeinschaft der Freien Waldorfschulen in Schleswig-Holstein in Zusammenarbeit mit den heilpädagogischen Schulen auf anthroposophischer Grundlage".

Stand von 1990 gekürzt worden, während die Ausgaben für vergleichbare staatliche Schulen im Lande im gleichen Zeitraum um 15 bis 20 % angestiegen sind.

Welche andere wichtige gesellschaftliche Gruppe, zudem noch von verfassungsrechtlich gesichertem Rang, ist in dem genannten Zeitraum mit einer derartigen Kürzungspolitik überzogen worden?

In dem 1994 erschienenen Sonderheft 13 der FLENSBURGER HEFTE mit dem Titel „Waldorfschulen in Not“ werden die gesetzlichen Rahmenbedingungen und Einzelregelungen dargestellt, die unsere Schulen seit Anfang der 90er Jahre in Bedrängnis gebracht haben und die zum überwiegenden Teil noch heute erschwerend wirken.

Die Waldorfschulen waren grundsätzlich damit einverstanden, dass die Landeszuschüsse für Schulen in freier Trägerschaft durch das Haushaltsbegleitgesetz 1995 an die Kostenentwicklung des staatlichen Schulwesens angekoppelt wurden. Da sich aber (entgegen den uns gegenüber ursprünglich gemachten Ankündigungen) ergab, dass Jahr für Jahr insbesondere die Waldorfschulzuschüsse stufenweise und überproportional zu den staatlichen Schulkosten vermindert wurden, hatten wir uns dann für einen Bezuschussungsmodus eingesetzt, der für einige Jahre verlässlich ist und die Verantwortlichen in unseren Schulen nicht jedes Jahr wieder in neue Finanzsorgen treibt.

Durch intensive Verhandlungen konnte erreicht werden, dass mit der gleichbleibenden Festlegung der Zuschuss-Sätze für die Jahre 1999 bis 2001 auf jeden Fall „Planungssicherheit“ auf gerade noch verantwortbarem Niveau eingeführt wurde. Die damit verbundenen erneuten Zuschusskürzungen haben aber – bei aller Planungssicherheit – dennoch drastische finanzielle Auswirkungen auf die weitere Arbeit der freien Schulen. Da mag es kaum als Trost erscheinen, dass 1998 der ursprüngliche Haushaltsentwurf noch stärkere Einschränkungen für die Schulen in freier Trägerschaft vorsah.

Wir sehen es als *gutes Zeichen,* dass die am 19.3.2000 von SPD und den Grünen beschlossene Koalitionsvereinbarung eindeutig aussagt: *„Für die allgemeinbildenden Schulen in freier Trägerschaft tritt nach Auslaufen der geltenden Regelung ab 2002 keine Verschlechterung ein.“*

Angesichts der besonderen Finanzsorgen bei den freien heilpädagogischen Schulen ist die Feststellung ausdrücklich zu begrüßen: *„Der Fördersatz für die heilpädagogischen Förderschulen (SoSchG) wird ab 2002 auf 100 % angehoben.“*

Trotz der prinzipiellen Richtigkeit der Zuordnung der Waldorfschulen zu den staatlichen Gesamtschulen ist die bisherige Zuordnung mangels zutreffender Kostenermittlung der staatlichen Gesamtschulen in Schleswig-Holstein für die Waldorfschulen im Lande über das Jahr 2001 hinaus nicht mehr tragbar.

Der bisher vom Ministerium festgelegte Gesamtschülerkostensatz 1998 von rund 8.800 DM pro Schüler und Jahr gibt die wirkliche Kostenrelation in keiner Weise wieder. Schon der Vergleich mit dem bundesdeutschen Durchschnitt der *Kosten staatlicher Gesamtschulen,* der bei über 12.000 DM/Jahr liegt (nach R. Haug, Deutsches Institut für Internationale Pädagogische Forschung, Frankfurt/M.), erweist die *völlige Unplausibilität* dieser vom Land genannten Zahl. Bei den statistischen Berechnungen der Gesamtschülerkosten fehlen u.a. Versorgungsbezüge und Pensionslasten, Kosten von durchschnittlich ca. 1.600 DM pro Schüler (siehe Landtags-Drucksache 13/3226).

Ab dem Jahr 2002 ist nun endlich eine gerechte Regelung zu finden, bei der die Zuschussberechnung für die Waldorfschulen (Klassen 5 bis 13) entweder die durchschnittlichen Pensionslasten (ermittelt aus den Gesamtpensionskosten aller ehemaligen Lehrkräfte des Landes) zu den Schülerkostensätzen der Gesamtschulen dazuzählt oder in einer Übergangsregelung von zehn Jahren vorerst die Kosten der Gymnasien als relativ sichere Bemessungsgrundlage heranzieht.

Das Letztere würde die bis 1984 bestehende schleswig-holsteinische Rechtslage wieder aufgreifen und in Übereinstimmung mit der Rechtsprechung des Bundesverfassungsgerichtes stehen, das die Waldorfschule vergleichbar mit dem Gymnasium eingestuft hat.

Da die Waldorfschulen seit 1990 mit gekürzten Zuschüssen außerordentliche Sparleistungen erbracht haben, ist schließlich ab dem Jahr 2002 eine Rückkehr zu dem bis 1990 gültigen Fördersatz von 85 % der statistisch ermittelten Schülerkostensätze (die alle Schulbetriebskosten erfassen) erforderlich.

Weiterhin setzen wir uns für eine vereinfachte Zuschussregelung ein, die klarstellt, dass Schulbaukosten zu den Schulkosten gehören, und die das überholte Defizitdeckungssystem wegfallen lässt.

Das Land hat die Finanzierung nach einem pauschalen Festbetragssystem für die Schulen der dänischen Minderheit längst eingeführt. Es gibt keinen triftigen Grund, die deutschen Schulen in freier Trägerschaft anders zu behandeln.

Die Waldorfschulen können ihre Ausgaben für Unterricht und Erziehung nur in Höhe der ihnen verfügbaren Einnahmen bestreiten. Die (gegenüber den vergleichbaren staatlichen Schulen) fehlenden Mittel müssen durch zusätzliches Engagement der Eltern (z.B. Eigenleistungen beim Schulbau) sowie der Lehrerinnen und Lehrer (z.B. Gehaltsverzicht), durch Einschränkungen in der Ausstattung bei den Lehr- und Lernmitteln, durch sparsamen Umgang mit den Sachmitteln und schließlich durch hohe Elternbeiträge ausgeglichen werden. *Nach den Ermittlungen des Bundes der Freien Waldorfschulen (Pressekonferenz 19.6.1999 in Kiel) erspart die Existenz der freien Schulen jährlich dem Land Schleswig-Holstein eine Summe von ca. 12 Mio. DM.* Schulen in freier Trägerschaft können auf Dauer aber nicht mit wesentlich weniger Geld auskommen als die staatlichen Schulen, wenn sie gleichwertige Leistungen, wie Art. 7 Abs. 4 Grundgesetz dies fordert, erbringen müssen. *Es ist auch gesellschaftlich ungerecht, dass freie Initiativen, die einen innovativen Beitrag zur Entwicklung leisten (sollen), mit wesentlich weniger Mitteln ausgestattet werden als die staatlichen Schulen.*

2. „Landeskinderklausel" aufheben

Seit der Einführung im Jahr 1994 hat die LAG der Waldorfschulen in ihren Stellungnahmen wiederholt auf die verfassungsrechtliche Fragwürdigkeit der „Landeskinderklausel" hingewiesen.

Nach massiven Protesten seitens der freien Schulen Ende 1997 ist das Schulgesetz in diesem Paragraphen mit einer so genannten „Bestandsschutzregel" nochmals geändert worden. Seitdem werden bei den Schulen in freier Trägerschaft nur die neuen Schülerinnen und Schüler, die ihre Hauptwohnung in anderen Bundesländern haben, nicht mehr bezuschusst, wenn mit diesen Bundesländern keine Vereinbarungen über einen Schullastenausgleich getroffen worden sind.

Für die Landesarbeitsgemeinschaft der Waldorfschulen ist die *„Landeskinderklausel":*

- *verfassungswidrig und mit europäischem Recht nicht vereinbar,*
- *eine unvertretbare Verletzung des Rechts der Eltern und der Kinder auf freie Wahl der Schule,*
- *eine aussondernde Maßnahme, weil nur freie Träger getroffen werden (in der existenziellen Gefährdung durch diese Regelung vor allem die Waldorfschule in Lübeck).*

Ausdrücklich begrüßt wird von der LAG das im letzten Jahr unterzeichnete Abkommen zwischen Hamburg und Schleswig-Holstein über den Schullastenausgleich für die Schülerinnen und Schüler an Schulen in freier Trägerschaft in beiden Bundesländern. Für die betroffenen Schulen bedeutet dieser Vertrag für drei Jahre Rechtssicherheit.

Wie die Landesregierung mitgeteilt hat, sei eine entsprechende Vereinbarung für einen Schullastenausgleich mit dem Land Mecklenburg-Vorpommern in Vorbereitung. (Die Verhandlungen ziehen sich schon lange hin.) Diese Regelung für den Schullastenausgleich soll aber erst 2001 in Kraft treten.

Die somit von der Landesregierung auch in diesem Kalenderjahr noch vorgesehene weitere Anwendung der „Landeskinderklausel" gefährdet vor allem die Waldorfschule in Lübeck existenziell wegen der unmittelbaren Nähe zur Grenze zum Lübecker Umland, das von der Gebietskörperschaft zu Mecklenburg-Vorpommern gehört. Von 1998 bis zum Jahr 2000 beträgt allein deswegen der Einnahmeausfall der Lübecker Waldorfschule insgesamt weit über 300.000 DM. Um diesem bedrohlichen Einnahmeverlust zu begegnen, hat *zu Beginn des Jahres 1999 der Trägerverein der Freien Waldorfschule Lübeck das Land Schleswig-Holstein vor dem Schleswiger Verwaltungsgericht verklagt.*

In einem vergleichbaren Fall hat das Verwaltungsgericht in Bremen bereits auf die Verfassungswidrigkeit von „Landeskinderklauseln" hingewiesen und das Bundesverfassungsgericht in einem Vorlagebeschluss aufgefordert, die Rechtmäßigkeit dieser Klauseln zu überprüfen.

3. Rechtsanspruch auf angemessene Baukostenbezuschussung sichern

Wir weisen wiederum darauf hin, dass die Eltern an den Waldorfschulen nicht nur die Kosten für den laufenden Schulbetrieb, sondern auch die finanziellen Lasten für die notwendigen Schulgebäude mittragen müssen. Völlig unbefriedigend – vor allem im Hinblick auf die Rechtsprechung des Bundesverfassungsgerichtes – ist bisher in Schleswig-Holstein die Frage der Baukostenzuschüsse für Schulen in freier Trägerschaft geregelt. Es besteht verfassungsrechtlich ein Rechtsanspruch auf Baukostenzuschüsse für vom Bildungsministerium als notwendig anerkannte Bauvorhaben.

Mit der Novellierung des Schulgesetzes 1990 ist den Waldorfschulen damals nach Darstellung der notwendigen Schulbauten für die aufbauenden Waldorfschulen von der Landesregierung ein jährlicher Bauzuschuss jeweils in Höhe von 2,5 Mio. DM zugesichert worden. Nach zwei Jahren Gewährung der Landesmittel in Höhe von 2,5 Mio. DM ist dieser Haushaltsansatz in den Folgejahren (entgegen den ursprünglichen Zusagen) seitens der Regierung halbiert worden. Im Jahr 2000 sind nur noch 750.000 DM und in den folgenden fünf Jahren jeweils 1,1 Mio. DM im Landeshaushalt angesetzt. Das Antragsvolumen für geplante Schulbaumaßnahmen der freien Träger in den nächsten zehn Jahren beträgt mittlerweile aber insgesamt mehr als 50 Mio. DM. Aufgrund dieses gestauten Antragsvolumens für notwendige Schulbaumaßnahmen müssen die Landesmittel in diesem Haushaltstitel dementsprechend dringend wieder aufgestockt werden.

Um den Auflagen des Bundesverfassungsgerichtes insbesondere auch im Hinblick auf die zulässige Schulgeldhöhe gerecht werden zu können, fordern wir für Waldorfschulgebäude nach wie vor einen gesetzlich verankerten Förderprozentsatz der vom Bildungsministerium anerkannten Baukosten (im Einzelfall bis 75 %, mindestens jedoch 50 %). Mit diesem Vorschlag bleiben die Waldorfschulen weit hinter den Förderprozentsätzen anderer Bundesländer zurück, etwa Rheinland-Pfalz, Saarland und Bayern mit 80 % oder Nordrhein-Westfalen mit 100 % (über die volle Erstattung von Mieten).

4. Schülerbeförderungskosten erstatten

Schleswig-Holstein ist eines der wenigen Bundesländer, in denen eine Erstattung der Schülerbeförderungskosten für freie Schulen vergleichbar mit der Regelung für Schülerinnen und Schüler staatlicher Schulen nicht vorgesehen ist. In fast allen Flächenländern der Bundesrepublik ist die Schülerfahrtkostenerstattung auch zugunsten der Schülerinnen und Schüler freier Schulen per Gesetz über die Kreise und Kommunen geregelt. Neben der finanziellen Belastung unserer Schuleltern mit Schulgeld und Baubeiträgen kommt also für viele Familien eine weitere erhebliche Erschwernis durch Fahrtkosten für die Schulkinder hinzu.

Die Problematik der vom Bundesverfassungsgericht besonders herausgestellten „allgemeinen freien Zugänglichkeit" von Schulen in freier Trägerschaft verschärft sich also durch die fehlende anteilige Erstattung der Schülerbeförderungskosten. Das Land hat in diesem Bereich ebenfalls eine „Schutz- und Förderpflicht" (BVerfG) gegenüber den deutschen Schulen in freier Trägerschaft. Schulwegkostenerstattungen gehören im Übrigen zu dem „Standard" staatlicher Schulen, dem sich die Schulen in freier Trägerschaft anpassen müssen. In solchen Fällen ist nach dem Bundesverfassungsgericht eine „besondere Kompensationspflicht" durch das Land gegeben.

Zur Herstellung der Chancengleichheit und zur Freiheit der Schulwahl ist darum eine volle Erstattung von Schülerbeförderungskosten für Schüler freier Schulen notwendig.

5. Eigenständigkeit der Schulen fördern

Schulen in freier Trägerschaft wirken neben staatlichen Schulen bei der Erfüllung der allgemeinen öffentlichen Bildungsaufgaben eigenverantwortlich mit und haben die öffentliche Aufgabe, das Schulwesen durch besondere Formen und Inhalte des Unterrichts und der Erziehung zu bereichern. Wir unterstützen die Initiative des Bildungsministeriums (Schulgesetzänderung 1998), *die Eigenständigkeit der staatlichen Schulen zu erweitern.* Die Gewährung größerer pädagogischer Gestaltungsmöglichkeiten und das Eröffnen von mehr Entscheidungsspielraum für die staatlichen Schulen sind wichtige Impulse für eine notwendige Bildungsreform in unserem Lande.

Dieser erste Schritt zu einer größeren Eigenständigkeit des Schulwesens entspricht in der Zielrichtung den bildungspolitischen Vorstellungen, die die Freien Waldorfschulen seit jeher vertreten haben. Von daher ist es kaum verständlich, dass entgegen dieser Zielrichtung die freien Schulen durch die „Wartefrist" für neue Schulinitiativen und eine „Zuschuss-Sperre" bei Änderungen des Schulprofils, durch die Aufrechterhaltung der „Landeskinderklausel" sowie durch die Beibehaltung der besonderen finanziellen Benachteiligungen in ihrer Freiheit und ihren Entwicklungschancen wesentlich eingeschränkt werden.

Die Freien Waldorfschulen vertreten den Gedanken der Selbstverwaltung im Bildungswesen als Teil eines „freien Geisteslebens". In diesem Sinne wissen wir uns im Einklang mit dem starken Impuls in unserem Bundesland zu freien Bürgerinitiativen. Dafür spricht das Beispiel der Volksinitiative der AKTION MÜNDIGE SCHULE, an der viele aktive Eltern, Oberstufenschülerinnen und -schüler mitgewirkt haben mit dem Ziel, dass der Landtag sich mit diesem Freiheitsimpuls für das Bildungswesen beschäftigt. Um die Freiheitsidee für das Schulwesen weiter zu verfolgen und eine wirkliche Eigenständigkeit der Schulen zu erreichen, fordern wir *mittelfristig die Einführung des Bildungsgutscheins.* Der Bildungsgutschein lautet auf den Geldbetrag, den der Staat bereit ist, für den Schulbesuch eines Schülers in einem Jahr aufzuwenden. Die Schulen bestimmen dann im Wesentlichen selbst, wie sie das eingenommene Geld aus den für ihre Schüler vom Staat gezahlten Bildungsgutscheinen am besten für Personal- und Sachkosten einsetzen, um den größtmöglichen pädagogischen Erfolg zu erzielen. Eine derartige Eigenständigkeit der Schulen führt zu mehr pädagogischer Vielfalt, damit auch zu leistungssteigerndem Wettbewerb und zu größerer Freiheit im Bildungswesen. Einen entsprechenden Impuls gibt in diesem Zusammenhang die Hans-Böckler-Stiftung mit dem im letzten Jahr vorgelegten Diskussionspapier „Für ein verändertes System der Bildungsfinanzierung", das ebenfalls für einen Bildungsgutschein plädiert.

Wir *lehnen grundsätzlich die vor einigen Jahren im Schulgesetz eingeführte Wartefrist bei der Bezuschussung für neue Schulen in freier Trägerschaft ab.* Im Übrigen bestand für die Errichtung einer solchen gesetzlichen Sperre kein akuter Anlass, weil bisher in Schleswig-Holstein vergleichsweise zu anderen Bundesländern nur eine geringe Anzahl von freien Schulen zu verzeichnen ist und neue Initiativen rar sind.

In Relation zur gesamten Schülerzahl der allgemeinbildenden Schulen in Schleswig-Holstein macht die Anzahl der Schülerinnen und Schüler der Schulen in freier Trägerschaft (deutsche und dänische Schülerzahl zusammen knapp ca. 4 %, Schülerzahl der Waldorfschulen ca. 1,7 %) nur einen geringen Anteil aus. Für den Bereich der Waldorfschulen, die rund 90 % der Schülerzahl der deutschen Schulen in freier Trägerschaft umfassen, kann man im Übrigen von einer Konsolidierungsphase sprechen. Von den zehn Waldorfschulen im Land mit zur Zeit ca. 5.000 Schülern sind acht bis zur 13. Klasse hochgewachsen. Aufgrund des Aufbaus der Oberstufe in den beiden übrigen Schulen und der Annahme, dass in den nächsten fünf Jahren voraussichtlich keine neue Waldorfschule gegründet wird, ergibt sich ein sich stark abflachender Anstieg der Waldorfschülerzahl mit einer Erhöhung von 2001 bis 2005 von insgesamt nur noch rund 2 %.

Wir fordern ein weiteres, erst neuerdings eingerichtetes *„Innovationshindernis"* für unsere Schulen zu beseitigen. Durch die Schulgesetznovelle 1998 ist nämlich die bisherige *Wartefrist-Regelung* auch als *Zuschuss-Sperre im Falle der Erweiterung bzw. Änderung des Schulprofils* ausgedehnt worden, was ein typisches Beispiel für eine staatlich verordnete „Entmutigung" von Initiativen darstellt. In der Praxis wirkt sich diese Regelung nun bei den bestehenden Schulen als gezieltes Innovationshindernis aus. Den Waldorfschulen z.B., die bisher keine Förderklassen hatten und nunmehr aufgrund der pädagogischen Erfordernisse entsprechende neue Förderangebote in ihrer Schule eröffnen wollen, werden solche Veränderungen mit Hilfe der dann folgenden Zuschussverweigerung unmöglich gemacht.

Weiterhin setzen wir uns für eine *Gleichbehandlung der Waldorfschulen hinsichtlich der „Integrationsmaßnahmen"* ein. Entsprechend den Schulen in staatlicher Trägerschaft sollte es auch den Waldorfschulen möglich sein, Schülerinnen und Schüler als „Integrationskinder" aufzunehmen und zu fördern. Dabei sollte die finanzielle Gleichstellung bei den Schülerkostensätzen für diese „Integrationskinder" gewährleistet sein.

Das Bundesverfassungsgericht hat 1992 in einem Beschluss festgestellt, dass die staatliche Schulverwaltung als Betreiber des staatlichen Schulwesens gegenüber den konkurrierenden Ersatzschulen eine „nicht-neutrale Stellung" einnimmt. Um dies auszugleichen, fordern wir, *die Aufsicht über die Schulen in freier Trägerschaft auf eine neue Grundlage zu stellen*, die zwar die öffentliche Verantwortung für die Schulbildung sicherstellt, zugleich aber eine stärkere Berücksichtigung des eigenständigen Bildungsauftrages der Schulen in freier Trägerschaft im Rahmen der Schulaufsicht gewährleistet.

Gerade diejenigen Schulen, die besondere pädagogische Formen entwickelten, wie z.B. die Waldorfschulen, hatten stets erhebliche Schwierigkeiten mit der sich an staatlichen Mustern orientierenden Schulaufsicht. Auch in Schleswig-Holstein war dies wiederholt zu beobachten. Es ist deshalb erforderlich, *eine fachlich kompetente, aber von der Aufsicht über die staatlichen Schulen getrennte Schulaufsicht, an der auch Vertreter der Schulen in freier Trägerschaft und ggf. anderer gesellschaftlicher Gruppen beteiligt sind, zu schaffen.* Damit wird die Schulaufsicht in die Lage versetzt, auch andersartige pädagogische Formen und Inhalte zu beurteilen.

6. Benachteiligungen der Waldorfschulen im Bereich der staatlich anerkannten Abschlüsse abbauen

Einige Jahrzehnte lang wurden die so genannten „Nicht-Schüler"-Regelungen bei den Schulabschlüssen in den schleswig-holsteinischen Waldorfschulen angewandt, die erschwerte Bedingungen für die Absolventen unserer Schulen als Maßstab hatten. In Folge der grundlegenden Schulgesetznovellierung 1989/1990 konnten wir erreichen, dass in den Verordnungen des Ministeriums für die jeweiligen staatlich anerkannten Schulabschlüsse an den Waldorfschulen gegenüber dem vorherigen Stand einige der Schlechterstellungen aufgehoben bzw. gemildert worden sind. Nun ist es an der Zeit, *den Abbau der noch verbliebenen „Extra-Hürden" für Waldorfschülerinnen und -schüler voran zu bringen.*

Nach bald zehn Jahren „Bewährung" bei den Waldorfschulabschlüssen weisen wir wiederum u.a. auf folgende Benachteiligungen unserer Schulen im Vergleich zu den Abschlüssen an den staatlichen Schulen hin:

- Die Erteilung des *Hauptschulabschlusses* ist erst ab Klasse 10 möglich, obwohl die Waldorfschüler der 9. Klasse durchaus kein Lerndefizit gegenüber den Schülerinnen und Schülern der gleichen Klassenstufe der Hauptschule aufweisen.
- Im *Realschulabschluss* müssen sich auch sehr leistungsstarke Schülerinnen und Schüler einer überflüssigen mündlichen Prüfung unterziehen, die im gleichen Fall an den staatlichen Realschulen erlassen wird.
- Die *Fachhochschulreife* (schulischer Teil) ist für Waldorfschüler erst im 13. Jahr durch eine Prüfung mit drei schriftlichen Fächern auf Abiturniveau zu erlangen. Außerdem gilt die 10-Länder-Vereinbarung zur gegenseitigen Anerkennung der Fachhochschulreife (schulischer Teil) nicht für die Waldorf-Fachhochschulreife dieser Bundesländer, obwohl sie im eigenen Bundesland staatlich anerkannt ist.
- Im *Abitur* hat ein Waldorfschüler 6 Prüfungsfächer, davon 4 schriftliche, der Gymnasiast 4, davon 3 schriftliche. Obendrein findet in diesen Fächern eine vor der Prüfung erbrachte Leistung, etwa in einer Vorzensur oder anderweitig dokumentiert, keinerlei positive Berücksichtigung. Außerdem ist einem Waldorfschüler, ganz im Gegensatz zu einem vergleichbaren Schüler an einer staatlichen Schule eine Zuwahl mündlicher Prüfungsfächer kurz vor der mündlichen Prüfung nicht mehr möglich, so dass er etwa in der schriftlichen Prüfung aufgetretene Defizite nicht mehr zusätzlich ausgleichen kann (dies gilt auch für die Fachhochschulreife).

Damit werden Waldorfschülerinnen und -schüler immer noch wesentlichen Bedingungen einer „Nicht-Schüler-Prüfung" unterworfen, eine Diskriminierung dieser Schulform, die ihre Leistungsfähigkeit auch auf dem Sektor der staatlich anerkannten Abschlüsse längst erwiesen hat. Die Initiative des Bildungsministeriums für mehr Eigenständigkeit der Schulen (siehe 5.) sollte auch die Neugestaltung der Abschlüsse an Waldorfschulen in den Blick nehmen und die Abkehr von unnötigen Erschwerungen und *Ungleichbehandlungen* und damit eine allseitige Entlastung –

auch hinsichtlich der Schulaufsicht und der Finanzen – als Gebot der Zeit sehen.

7. Freie Zugänglichkeit der Waldorfschulen achten

Der im Schulgesetz verankerte Zwang zur Schulgelderhebung für freie Schulen beeinträchtigt unter Berücksichtigung der sonstigen mit dem Schulbesuch zusammenhängenden Kosten heute mehr denn je die allgemeine freie Zugänglichkeit der Schulen in freier Trägerschaft und verletzt das Sonderungsverbot der Schüler nach den Einkommensverhältnissen der Eltern. Darum ist die entsprechende Neuregelung des bisherigen Schulgesetzes in Bezug auf die Elternbeiträge an der wirtschaftlichen Leistungsfähigkeit der Eltern auszurichten.

„Solange Schulen in freier Trägerschaft hinsichtlich der finanziellen Förderung nicht so gestellt sind, dass diese Schulen tatsächlich allen Bürgern offen stehen, ist ein wesentliches Moment der Verteilungsgerechtigkeit verletzt." (Frank-Rüdiger Jach: 50 Jahre Grundgesetz und Schulverfassung. Berlin 2000)

Der Besuch einer freien Schule ist mittlerweile für die betroffenen Familien mit erheblichen Kosten verbunden. Das ist ein Ergebnis einer Schulpolitik, der die Vergabe von Zuschüssen als Instrument dient, durch welches die weitere Ausbreitung freier Schulen begrenzt, wenn nicht sogar verhindert werden soll. (Siehe Landtagsdebatte zur Volksinitiative der AKTION MÜNDIGE SCHULE.)

Es drängt sich für uns die Frage auf: Sind die Waldorfschulen in Schleswig-Holstein seit 1990 mit wiederholten Zuschusskürzungen dafür bestraft worden, dass sie fortwährend für mehr Freiheit im Schulwesen und mehr Eigenständigkeit eintreten?

Einhergehend mit den wiederholten Zuschusskürzungen mussten in dem Zeitraum seit 1989 die Waldorfschulen in Schleswig-Holstein die Elternbeiträge drastisch erhöhen. Die Elternbeiträge von mittlerweile rund 300 DM pro Schüler und Monat für laufende Schulbetriebskosten und Investitionslasten in den schleswig-holsteinischen Waldorfschulen liegen beträchtlich über der vom Verfassungsgericht gezogenen Grenze, so dass weiter erhöhte Elternleistungen nicht zu vertreten sind.

Wann werden sich die Landesregierung und der Landtag der Durchsetzung des Verfassungsgebotes auf Achtung und Wahrung der freien Zugänglichkeit der Waldorfschulen, dessen Beachtung unter den bisherigen Zuschussbedingungen kaum möglich gewesen ist, endlich annehmen?

Schlussbemerkung

Auch weiterhin geben wir die *Hoffnung* nicht auf, dass der *„Bildungsabbau" in Deutschland endlich beendet* wird und schließlich *mehr Chancen für Schulen in freier Trägerschaft* eingeräumt werden.

Die verantwortlichen Eltern, Lehrerinnen und Lehrer in den schleswig-holsteinischen Waldorfschulen haben gezeigt, dass sie aktiv bei der notwendigen *Reform der Bildungspolitik* und bei der *Stärkung der Eigenständigkeit der Schulen* in unserem Lande mitwirken. Wir haben deutlich gemacht, dass wir nach wie vor bereit sind, gerechtfertigte Sparmaßnahmen des Landes mitzutragen. Diese Bereitschaft gründet sich allerdings auf die Voraussetzung, dass Landtag und Landesregierung bei ihren Sparbemühungen *den verfassungsrechtlich geschützten Anspruch der Waldorfschulen* auf angemessene staatliche Förderung achten.

Mit begründeten Änderungsvorschlägen und detaillierten Stellungnahmen zu den wiederholt vorgenommenen Schulgesetzänderungen und zu den alljährlichen Beratungen des Landeshaushaltes haben die Verantwortlichen in den Waldorfschulen ihren Beitrag für einen engagierten und konstruktiven Dialog zwischen Bürgern und Verbänden auf der einen Seite sowie Regierung und Landtag auf der anderen Seite geleistet. Wir haben begriffen, dass Bildungspolitik wie das *„Bohren dicker Bretter"* (Max Weber) ist.

Wir bedanken uns bei den Verantwortlichen im Bildungsministerium und den Fraktionen des Landtages, dass trotz aller Widrigkeiten unsere Ansprechpartner in all den Jahren immer wieder Ihre Aufgeschlossenheit und *Bereitschaft gezeigt* haben, *mit uns in der Sache zu verhandeln!* Bei allen Erschwernissen für die freien Schulen konnten wir auf Landesebene durchaus Teilerfolge erreichen, denen jeweils intensive – bisweilen harte – Verhandlungen, verschiedene politische Initiativen und viele persönliche Briefe an Landtagsabgeordnete von Waldorfeltern, Lehrern und Oberstufenschülern und schließlich sogar schon zweimal Demonstrationen vor dem Kieler Landeshaus vorausgegangen sind. Mit entsprechenden Initiativen – wie bisher in differenzierter und angemessener Weise – werden wir auch in der jetzt beginnenden Wahlperiode auf die politisch Verantwortlichen im Lande zugehen!

Genügend Durchhaltekraft, Zivilcourage und Geistesgegenwart mögen uns dabei für die Bewältigung der zukünftigen Aufgaben geschenkt werden!

Kultur- und Schulfreiheit – eine sich aus dem Wesensgehalt der Grundrechte ergebende Forderung

Christoph Strawe*

Entstehung des Grundgesetzes

Als der Parlamentarische Rat am 8. Mai 1949 das Grundgesetz als Verfassung für die Bundesrepublik Deutschland beschloss, standen seine Väter und Mütter unter dem Eindruck der gerade beendeten nationalsozialistischen Schreckensherrschaft: Sie wollten eine gesellschaftliche Neuordnung, die sicherstellen sollte, dass nie wieder in Deutschland die Würde des Menschen mit Füßen getreten werden, nie wieder von Deutschland ein Krieg ausgehen könne.[1] Wieweit diese Zielstellung im Text wirklich konkretisiert wurde, kann man hinterfragen, ebenso kann man die Frage stellen, wieweit Verfassungstext und Verfassungswirklichkeit heute voneinander entfernt sind. Und man kann fragen, ob nach der Phase der Neubesinnung, in der sogar die CDU in ihr Ahlener Parteiprogramm von 1947 den Satz schrieb, der Kapitalismus sei den Lebensinteressen des deutschen Volkes nicht gerecht geworden, der Kalte Krieg und die mit ihm verbundene Restauration alter Besitz- und Machtverhältnisse hier ein Auseinanderklaffen begünstigt haben. Man kann ferner beklagen, dass bei der deutschen Einheit 1990 die Verfassung nicht durch einen Volksentscheid bekräftigt wurde.

---

* **Dr. Christoph Strawe,** geb. 1948. Studium der Philosophie, Politischen Wissenschaft, Psychologie, Soziologie, Waldorfpädagogik. Lehrtätigkeit u.a. an der Freien Hochschule und anderen anthroposophischen Seminaren in Stuttgart. Geschäftsführer des Instituts für soziale Gegenwartsfragen e.V. Stuttgart. Redakteur des *Rundbriefs „Dreigliederung des sozialen Organismus“;* Mitarbeiter in der Redaktion der Zeitschrift *Die Drei;* Buchveröffentlichungen (u.a. „Marxismus und Anthroposophie“).

[1] Dieser Beitrag ist entnommen aus: *Rundbrief „Dreigliederung des sozialen Organismus“*, 2/1999. – Der *Rundbrief* enthält Beiträge zu aktuellen Zeitfragen und Problemen einer zeitgemäßen Sozialgestaltung; berichtet über Ansätze selbstverwalteten Kulturlebens und „assoziativen“ Wirtschaftens, über Initiativen auf dem Gebiet der Rechtsgestaltung und der Politik; informiert über Treffen, Ausbildungsangebote, Publikationen und Arbeitshilfen. Er wird herausgegeben von der Initiative „Netzwerk Dreigliederung“, Büro Strawe, Haußmannstr. 44a, D-70188 Stuttgart, Tel.: 0711 – 2368950, Fax: – 2360218, e-Mail: BueroStrawe@t-online.de – Dort können *Probenummern* angefordert werden.

Dennoch: Das Inkrafttreten der Verfassung am 23. Mai 1949 – am 12. Mai war sie von den Alliierten genehmigt worden – war eine Sternstunde der deutschen Geschichte. Mit dem Artikel 1 stellt sie Menschenrecht und Menschenwürde ins Zentrum des gesellschaftlichen Lebens; der Staat hat seine Existenzberechtigung nicht durch sich selbst, sondern durch seine Rolle als Gewährleistungsinstanz für diese Rechte: „Die Würde des Menschen ist unantastbar. Sie zu achten und zu schützen ist Verpflichtung aller staatlichen Gewalt." (Art. 1) Das Grundgesetz knüpft damit unmittelbar an die in Paris im Vorjahr von der UNO-Generalversammlung verabschiedete Allgemeine Erklärung der Menschenrechte an.

Menschenrechte: Mündigkeit im Mittelpunkt

Das Auftreten der Menschenrechte in der Neuzeit markiert einen Wendepunkt geschichtlicher Entwicklung: Der selbstbewusst gewordene Mensch beansprucht seine Freiheit und Mündigkeit – und damit ändert sich sein Verhältnis zur Gemeinschaft radikal: Keine Eingliederung und Unterordnung mehr, die Gemeinschaft ist nur noch um des Einzelnen willen da. Wir sprechen von *allgemeinen* Menschenrechten, die gerade keine Rechte der Allgemeinheit sind, sondern Rechte jedes Einzelnen, auch gegenüber der Allgemeinheit, auch gegenüber dem Staat, auch gegenüber den Mehrheiten.

Ihre Geltung ist universell, individuell und global zugleich, sie dürfen nicht im Hinblick auf kulturelle und andere Verschiedenheiten innerhalb der Menschheit relativiert werden, weil sie das Menschsein als solches schützen. Individualisierung und „Globalisierung", wenn sie als reale Herstellung der Menschheit verstanden wird, sind deshalb die beiden bestimmenden Tendenzen eines Zeitalters der Freiheit.

Im Ringen um diese Menschenrechte stehen wir mittendrin. In zahlreichen Ländern ist nicht einmal das Recht „auf Leben und körperliche Unversehrtheit", welches das Grundgesetz in Artikel 2 Absatz 2 postuliert, gesichert. Was wiegt schwerer: Menschenrechte oder staatliche Integrität? Der Streit um diese Frage ist ja ein Aspekt beispielsweise des Kosovo-Konflikts. Die Auseinandersetzungen der Zukunft werden nicht zuletzt davon bestimmt sein, ob die Globalisierung in ein „autoritäres Jahrhundert" führt – wie Ralf Dahrendorf befürchtet – oder ob sie so gestaltet werden kann, dass die Erneuerung und Entwicklung der Gesellschaften aus dem Geist der Menschenrechte nicht verhindert wird.

Behindert wird diese Entwicklung aber nicht nur durch äußere Mächte. Sie krankt auch immer wieder daran, dass Mündigkeit nicht wirklich ergriffen wird, sondern als egoistische Beanspruchungsmentalität gegenüber der Gemeinschaft auftritt, die nur zur Auflösung des gesellschaftlichen Zusammenhangs der Menschen führt und darum als Bedrohung der Stabilität der Gemeinwesen erlebt wird. An dieser Stelle zeigt sich nun deutlich, dass der Gedanke menschlicher Würde von den vielfach herrschenden Auffassungen über das Wesen des Menschen nicht gedeckt ist. Wo der Mensch nur als gesellschaftlichen Konditionierungen unterliegendes Naturwesen betrachtet wird, entwickelt sich leicht ein tiefes Misstrauen in die menschliche Freiheit, die man dann nur als ein – wieder einzudämmendes – Willkür- und Ego-Prinzip auffassen will.

Der Doppelcharakter der Individualisierung wird dabei ausgeblendet: Befreiung ist notwendig eine Abgrenzungsbewegung des Ich gegenüber dem Nicht-Ich. Die derart gewonnene Selbständigkeit – als Endpunkt bisheriger Menschheitsentwicklung – kann aber zugleich der Ausgangspunkt verantwortlichen Handelns aus dem selbständig gewordenen Ich heraus werden. Diese Entwicklungsmöglichkeit jedem Menschen zugestehen zu können, ist die Basis des Vertrauens in die Freiheit auch da, wo Verantwortlichkeit noch nicht geleistet ist. Da diese Entwicklung aber Räume voraussetzt, in denen sie vollzogen werden kann – Verantwortlichkeit lernt man eben nur durch wahrgenommene Verantwortlichkeiten –, ist es Aufgabe der Gemeinschaft im Zeitalter der Freiheit, solche Entwicklungsräume auch zu schaffen und die notwendige Durchlässigkeit des Sozialgefüges für die Impulse der einzelnen Menschen herzustellen. Wenn wir dem volljährigen Menschen die Mündigkeit zusprechen, so tun wir dies auch nicht unter der Voraussetzung, dass er die damit gegebene Aufgabenstellung bereits vollkommen bewältigt, sondern im Hinblick darauf, dass es jetzt seine eigene Angelegenheit sein muss, dass und wie er sie ergreift.

Der Impuls der Demokratie ist ein Mündigkeitsimpuls. Erst die konsequente Anerkennung des mündigen Menschen ist daher die Vollendung der Demokratie. Deshalb darf sie auch nur dort auf das Mehrheitsprinzip (gleiches Recht der Teilnahme an Wahlen und Abstimmungen) reduziert werden, wo es um allgemeine Regeln geht, die von der Sache her für alle gelten müssen. An allen Stellen, wo Betroffene unter sich Regelungen treffen können, hat die durch die jeweiligen Mehrheiten bestimmte Gemeinschaft nicht mehr inhaltlich regelnd einzugreifen, sondern hierfür allenfalls Rahmenbedingungen zu setzen.

Wenn wir von der Ordnung des Grundgesetzes nicht pauschal als einer demokratischen sprechen, sondern auf den Begriff einer freiheitlich-demokratischen Grundordnung abheben, dann berücksichtigt dies die notwendige Gewährleistung der Individualrechte. Der Gleichheitsgrundsatz der Verfassung beinhaltet daher nicht nur die in Artikel 3 enthaltene Gleichheit vor dem Gesetz, die Gleichberechtigung von Männern und Frauen und Diskriminierungsverbote. Dieses Gesetz selbst muss zunächst freiheitsverträglich sein: Die vom Grundgesetz gemeinte Gleichheit ist die gleiche Freiheit von jedermann.

Freiheit der Urteilsbildung

Mündig zu sein, bedeutet, „sich seines Verstandes ohne Leitung eines anderen [...] bedienen" zu können (Kant)[2]. Der mündige Mensch will selbst urteilen – und er will seine eigenen Urteile ungehindert aussprechen und nicht nur privat, sondern öffentlich verbreiten können. Er will sich mit anderen – Gleichgesinnten – zusammenschließen können, um seine Einsichten und Auffassungen im öffentlichen Leben zur Geltung bringen zu können. – Der öffentliche Gebrauch der Vernunft müsse allzeit frei sein, so Kant.

Der dem Artikel 1 (Grundrechtsbindung der staatlichen Gewalt) folgende Grundrechtskatalog beinhaltet denn auch in vielen Artikeln Freiheitsrechte, bei denen es im Kern um die Gewährleistung dieser Erfordernisse geht: Glaubens-, Gewissens- und Bekenntnisfreiheit (Art. 4), Meinungs-, Informations- und Pressefreiheit; Freiheit von Kunst und Wissenschaft (Art. 5), Versammlungsfreiheit (Art. 8), Vereinigungs- und Koalitionsfreiheit (Art. 9). – Artikel 10 und 13 (Brief-, Post- und Fernmeldegeheimnis und Unverletzlichkeit der Wohnung) schützen dagegen mehr die private Seite der Freiheit.

Bemerkenswert ist, dass erst nach dem Grundrechtskatalog in Teil II die so genannten Staatsstrukturprinzipien behandelt werden, dass also die Ableitung der staatlichen Gewalt aus dem Menschenrechtsschutz, die in Artikel 1 intoniert wird, zugleich die Architektur der Verfassung prägt. Diese Prinzipien definieren die Bundesrepublik als demokratischen und sozialen Bundesstaat, in dem alle Staatsgewalt vom Volk ausgeht. Zugleich wird noch einmal die rechtsstaatliche Bindung von Legislative, Exekutive und

2 Vgl. Kants Aufsatz „Was ist Aufklärung?"

Jurisdiktion an die verfassungsmäßige Ordnung betont, gegen deren Beseitigung – wo keine andere Abhilfe möglich ist – ein Widerstandsrecht jedes Staatsbürgers statuiert wird (Art. 20). Durch den hinzugefügten Artikel 20a wird der Schutz der natürlichen Lebensgrundlagen zum Staatsziel erklärt.

Der Begriff des Wesensgehalts der Grundrechte

Diesen Staatsstrukturprinzipien geht ein Artikel voraus, der in seiner Bedeutung gar nicht hoch genug eingeschätzt werden kann; er enthält den zentralen Begriff des Wesensgehalts der Grundrechte. In diesem Artikel 19 geht es vordergründig zwar nur um mögliche Einschränkungen von Grundrechten: „Soweit nach diesem Grundgesetz ein Grundrecht durch Gesetz oder auf Grund eines Gesetzes eingeschränkt werden kann, muss das Gesetz allgemein und nicht nur für den Einzelfall gelten. Außerdem muss das Gesetz das Grundrecht unter Angabe des Artikels nennen.“ (Abs. 1)

Diese Einschränkbarkeit wird aber nun noch einmal begrenzt durch den Satz: „In keinem Falle darf ein Grundrecht in seinem Wesensgehalt angetastet werden.“ (Abs. 2) Dies gilt im Übrigen auch, wie das Bundesverfassungsgericht in seinem Maastricht-Urteil noch einmal konkretisiert hat, für den Fall, dass die Bundesrepublik sich in einen größeren Staatszusammenhang eingliedert.[3]

Der Schutz des Wesensgehalts der Grundrechte besagt nicht weniger, als dass diese in ihrem Kern, einmal zum geltenden Recht erhoben, irreversibel sind, also keinen – auch nicht durch verfassungsändernde Mehrheiten – rückgängig zu machenden Gewährungsakt des Staates darstellen. Vielmehr sind sie genuine, keiner weiteren Legitimation bedürftige, dem Menschen an sich zukommende Rechte.[4] Jeder Versuch, sie anzutasten, ist damit – selbst wenn er faktisch gelingen sollte – als Unrechtsakt qualifiziert, dem gegenüber dann das Widerstandsrecht des Artikels 20 greift.

---

[3] Verstärkt wird dieser Schutz des Wesensgehalts noch durch Artikel 79 GG (Änderung des Grundgesetzes), in dem es u.a. heißt: „Eine Änderung dieses Grundgesetzes, durch welche die Gliederung des Bundes in Länder, die grundsätzliche Mitwirkung der Länder bei der Gesetzgebung oder die in den Artikeln 1 und 20 niedergelegten Grundsätze berührt werden, ist unzulässig.“ (Abs. 3)

[4] Zur notwendigen Begründung dieses naturrechtlichen Ansatzes aus der „höheren Natur“ des Menschen vgl. meinen Aufsatz: Die Würde des Menschen ist unantastbar. Ein Plädoyer für die Universalität der Menschenrechte. In: *Die Drei,* 12/1998.

Im Begriff des Wesensgehalts wird im Grunde genommen eine rechtsphilosophische Kategorie eingeführt, die auf den inneren lebendigen Gehalt der Verfassung geht, der zwar formulierbar ist, aber in toten Paragraphen nicht vollständig zur Erscheinung kommen kann. Die Anerkennung von „Wesensgehalt" setzt „Wesensverständnis" voraus. Wesen und Erscheinung sind nicht zu trennen: Das Wesen erscheint – z.B. in den einzelnen Formulierungen –, muss aber als das die Erscheinungen durchprägende Bildeprinzip, als der „Geist der Gesetze" (Montesquieu), erfahren werden.[5]

Wichtig ist dabei, dass diese Wesensgehaltsbestimmung den Rückfall hinter das gewonnene Grundrechtsniveau ausschließt, nicht jedoch eine erweiternde und präzisierende Neufassung von Grundrechten. „Wesensgehalt" als lebendiges Bildeprinzip lässt Vorwärtsentwicklung nicht nur zu, sondern macht sie geradezu erforderlich.

Urteilsfreiheit und Initiativfreiheit

An dieser Stelle müssen wir ein Grundproblem der neueren Verfassungsentwicklung berühren: das Verhältnis von Urteils- und Initiativfreiheit. Dabei geht es um die Frage, wo wir in der Umsetzung der Menschenrechte heute historisch stehen.

Die Anerkennung der Mündigkeit ist immer die Anerkennung, so wurde gezeigt, der Urteilsfreiheit des mündigen Menschen. Eigene geistige Einsichten (Urteile) zu gewinnen, ist aber immer mit der anderen Frage verbunden, wie diese gewonnenen Einsichten als Handlungsmaximen gelebt werden können. Geistige Freiheit ist ihrem Gehalt nach nie auf die Freiheit der Urteilsbildung reduzierbar, vielmehr ist sie immer zugleich die Frage nach der Möglichkeit, individuelle Einsichten praktisch umzusetzen, aus ihnen heraus initiativ zu werden – und zwar nicht nur in den eigenen privaten vier Wänden, sondern im öffentlichen Leben.

Man darf diese Freiheit nicht verwechseln mit der Freiheit, um Mehrheiten zu werben. Wer Initiativfreiheit auf diese beschränken wollte, hätte

---

[5] Wir stoßen an dieser Stelle auf ein Problem, das schon bei der Frage nach der Deckung des Begriffs der Menschenwürde durch die Anschauung des Menschen auftrat: in diesem Fall auf die Frage nach der Anschauung des menschlichen Erkenntnisvermögens. Wird diesem generell die Möglichkeit von Wesenserkenntnis abgestritten, so ist diese Kategorie gefährdet. So führt der von Karl Popper erkenntnistheoretisch postulierte Anti-Essentialismus paradoxerweise zur Gefährdung der von Popper selbst geforderten „offenen Gesellschaft". Ist doch die Unantastbarkeit der Grundrechte in ihrem Wesensgehalt die Garantie dieser Offenheit.

gar nicht im vollen Umfang begriffen, was Initiativfreiheit heißt: eben nicht erst alle anderen um Genehmigung fragen zu müssen, bevor man einen praktischen Schritt tun kann. Natürlich gibt es die Begrenzungsfrage der einen Freiheit durch die andere: Wo meine Initiative alle anderen betrifft, ist es ja durchaus sachgemäß, auch alle anderen – bzw. ihre Repräsentanten – zu fragen, sprich: über die entsprechende Initiative einen Mehrheitsentscheid herbeizuführen. Die Festlegung, ob wir Links- oder Rechtsverkehr haben wollen, kann nicht individuell getroffen werden. Ob die Umgehungsstraße gebaut werden soll oder nicht, darüber muss allgemeiner Konsens in einer Kommune hergestellt werden. Eine allgemeine Änderung des Strafgesetzbuchs muss vom Bundestag verabschiedet werden.

Wie steht es aber, wenn Eltern eine bestimmte Schule für ihre Kinder wollen und sich dafür mit Lehrern verbinden, deren pädagogischen Ansatz sie für sinnvoll halten? – In die Freiheit anderer Eltern wird damit nicht eingegriffen. Aus der Sache heraus muss kein allgemeiner Konsens gebildet werden, sondern nur ein solcher zwischen denen, die die Schule wollen, und denen, die die pädagogische Arbeit leisten können. An solchen Fragen entscheidet sich, ob wir Freiheit nur als Privatangelegenheit zulassen oder ob wir sie als Sozialangelegenheit anerkennen. Wieweit ist die Gesellschaft bereit, individuelles geistiges Leben, das die Quelle aller Kultur darstellt, bis ins Praktische hinein wirken zu lassen? Dass diese Wirkung die Grundrechte in ihrem Wesensgehalt – also den Boden der Freiheit – selbst nicht in Frage stellen darf, versteht sich von selbst. Aus dieser Forderung ergibt sich aber nur die formale Bedingung der Verfassungsmäßigkeit – konkretisiert durch Rahmengesetze –, nicht die inhaltliche, dass nur eine bestimmte Pädagogik zugelassen oder wenigstens privilegiert wird. Im Gegenteil: Die Anerkennung der Mündigkeit bedeutet doch, das Leben des Einzelnen durch die Gemeinschaft nicht mehr inhaltlich zu regeln, niemandem einen inhaltlichen, z.B. religiösen Konsens, aufzuzwingen. Die Zeiten, in denen es hieß: „Cuius regio, eius religio“ (der jeweilige Herrscher bestimmt die Religion seiner Untertanen), sind vorbei!

An dieser Stelle herrscht heute Inkonsequenz, ja teilweise Verwirrung. Im Wirtschaftsleben haben wir Gewerbe- und Konsumfreiheit, wir anerkennen weitgehend die Vertragsfreiheit der Wirtschaftspartner. Der Staat regelt im Wesentlichen nur die Rahmenbedingungen. In der Wohlfahrtspflege ist es durchaus üblich, dass Verbände und Einrichtungen in freier Trägerschaft – staatlich finanziert oder teilfinanziert – öffentliche Aufgaben wahrnehmen. Das entspricht dem Subsidiaritätsprinzip – und der

Staat des Grundgesetzes ist, wenn auch der Begriff in der Verfassung nicht ausdrücklich auftaucht, ein subsidiärer Staat. Das Bildungswesen aber betrachten wir nach wie vor in den Kategorien des Allgemeinen Preußischen Landrechts von 1794 als „Veranstaltung des Staates“, Autonomie ist hier eher geduldete und mit mancherlei – aus historischer Tradition stammenden – Beschränkungen versehene Ausnahme. Auch der Artikel 7 des Grundgesetzes, der über das Schulwesen handelt, ist nicht frei von solchen Elementen. Umso wichtiger ist es zu klären, was an diesem Artikel als Wesensgehalt gelten kann und wo Veränderungsmöglichkeiten durch die Gesetzgebung liegen.

Artikel 7 GG (Schulwesen) – Was ist Wesensgehalt?

Der Artikel 7, bei dem insbesondere die Absätze 1, 4 und 5 für unser Thema relevant sind, besagt im Wortlaut:

(1) Das gesamte Schulwesen steht unter der Aufsicht des Staates.

(2) Die Erziehungsberechtigten haben das Recht, über die Teilnahme des Kindes am Religionsunterricht zu bestimmen.

(3) Der Religionsunterricht ist in den öffentlichen Schulen mit Ausnahme der bekenntnisfreien Schulen ordentliches Lehrfach. Unbeschadet des staatlichen Aufsichtsrechtes wird der Religionsunterricht in Übereinstimmung mit den Grundsätzen der Religionsgemeinschaften erteilt. Kein Lehrer darf gegen seinen Willen verpflichtet werden, Religionsunterricht zu erteilen.

(4) Das Recht zur Errichtung von privaten Schulen wird gewährleistet. Private Schulen als Ersatz für öffentliche Schulen bedürfen der Genehmigung des Staates und unterstehen den Landesgesetzen. Die Genehmigung ist zu erteilen, wenn die privaten Schulen in ihren Lehrzielen und Einrichtungen sowie in der wissenschaftlichen Ausbildung ihrer Lehrkräfte nicht hinter den öffentlichen Schulen zurückstehen und eine Sonderung der Schüler nach den Besitzverhältnissen der Eltern nicht gefördert wird. Die Genehmigung ist zu versagen, wenn die wirtschaftliche und rechtliche Stellung der Lehrkräfte nicht genügend gesichert ist.

(5) Eine private Volksschule ist nur zuzulassen, wenn die Unterrichtsverwaltung ein besonderes pädagogisches Interesse anerkennt oder, auf Antrag von Erziehungsberechtigten, wenn sie als Gemeinschaftsschu-

le, als Bekenntnis- oder Weltanschauungsschule errichtet werden soll und eine öffentliche Volksschule dieser Art in der Gemeinde nicht besteht.

(6) Vorschulen bleiben aufgehoben.

Um den menschenrechtlichen Wesensgehalt des Artikels herausarbeiten zu können und ihn gegenüber den historisch bedingten und damit für Veränderungen offenen Elementen abzugrenzen, mag es zunächst nützlich sein, ihn durch die Folie des entsprechenden Artikels der Allgemeinen Menschenrechtsdeklaration von 1948 zu betrachten (Art. 26), welcher u.a. beinhaltet:

> (1) Jeder Mensch hat das Recht auf Bildung. Der Unterricht muss wenigstens in den Elementar- und Grundschulen unentgeltlich sein. [...] (2) Die Ausbildung soll die volle Entfaltung der menschlichen Persönlichkeit und die Stärkung der Achtung der Menschenrechte und Grundfreiheiten zum Ziele haben. [...] (3) In erster Linie haben die Eltern das Recht, die Art der ihren Kindern zuteil werdenden Bildung zu bestimmen.

Hier werden drei Motive entfaltet: 1. Bildung ist ein allgemeines Menschenrecht, dessen Wahrnehmung jedem Kind ermöglicht werden muss. Deshalb gibt es eine Solidarverpflichtung der Allgemeinheit zur Finanzierung. 2. Das Recht auf Bildung ist nicht allein Recht des Kindes darauf, Wissen vermittelt zu erhalten, sondern vor allem die Entwicklungsförderung zur selbständigen und sozialfähigen, d.h. mündigen und die Mündigkeit anderer respektierenden Persönlichkeit. 3. Den Eltern wird nicht nur die Freiheit konzediert, ein Urteil über pädagogische Fragen zu haben, dieses muss auch für ihre Entscheidung bezüglich der Art der Bildung, d.h. auch für die Wahl der Schule, entscheidungsrelevant sein. In diesem Sinne ist dieses Urteil nicht privat, sondern bestimmend dafür, welche Schulen bestehen können, weil sie entsprechendes Vertrauen der Eltern finden. Das muss auch so sein, denn man kann nicht Menschen als Wähler von Parteien für mündig erklären und sie an anderer Stelle wieder entmündigen, indem man ihnen die Kompetenz der Schulwahl bestreitet.

Diese Formulierung schließt deutlich aus, dass aus dem notwendigen Solidaraspekt der Finanzierung ein Bestimmungsrecht der im Staat repräsentierten Allgemeinheit über die jeweiligen Bildungsinhalte abgeleitet wird. Inhaltlich kann allenfalls abgeleitet werden, dass Schule allgemein jene Kulturtechniken vermittelt, die notwendig sind, damit sich Menschen als

Gleiche unter Gleichen in der Rechtsgemeinschaft bewegen können, nicht jedoch das Wie dieser Vermittlung und die einzelnen Inhalte des Unterrichts bzw. Lehrplans.

So betrachtet, wären in Artikel 7 folgende Aspekte substantieller Wesensgehalt:

1. Das Recht auf Schulgründung und Schulwahl. Freie Schulen sind prinzipiell zugelassen. Der Gleichheitsgrundsatz erfordert hier Gleichwertigkeit, nicht aber Gleichartigkeit der schulischen Bildung.
2. Der Staat hat einerseits eine Gewährleistungsfunktion, andererseits ein Wächteramt über die Wahrung der Grundrechte im Schulwesen.
3. Die Allgemeinheit hat materiell das Bildungsrecht durch öffentliche Finanzierung sicherzustellen – und damit eine Benachteiligung durch den Besitzstand der Eltern auszuschließen (Sonderungsverbot). Eine Gleichstellung staatlicher und freier Schulen in der Finanzierung ist nicht ausgeschlossen, sondern kann geradezu als konsequente Umsetzung des Sonderungsverbots betrachtet werden. Das Bundesverfassungsgericht hat in seinem Finanzhilfe-Urteil von 1987 bereits den Staat unter diesem Gesichtspunkt zu einer bestandssichernden Teilfinanzierung freier Schulen verpflichtet. In der Finanzierungsform lässt das Grundgesetz die Weiterentwicklung der heutigen Angebotsfinanzierung zu einer die Wahlfreiheit der Eltern stärkenden Nachfragefinanzierung (etwa durch Bildungsgutscheine) offen.

Historisch bedingte und damit veränderliche Elemente wären demgegenüber:

1. Die Qualifizierung der freien Schule als „Privatschule“. Die freie Schule als „öffentliche Schule in freier Trägerschaft“ zu bezeichnen, ist keine Verletzung des Wesensgehalts, sondern gerade seine weitere Entfaltung.
2. Die bisherige Form der Schulaufsicht. Staatliche Schulaufsicht muss keineswegs zwingend als inhaltliche Steuerung oder gar Reglementierung aufgefasst werden. Das Grundgesetz ist offen für eine Weiterentwicklung der Schulaufsicht zu einer reinen Rechtsaufsicht ohne inhaltliche Kontrolle. Eine solche bietet Schutz vor Manipulation, Indoktrination und Menschenrechtsverletzungen im Schulwesen, soweit dieser nicht bereits durch Vielfalt, Wettbewerb und Transparenz entsteht. Die Genehmigung freier Schulen müsste prinzipiell nur an die Feststellung

ihrer jeweiligen Verfassungskonformität gebunden sein. Die Anerkennung eines besonderen pädagogischen Interesses durch die Unterrichtsverwaltung ist nicht zwingend.

3. Die Qualifizierung von Schulen in freier Trägerschaft als Ersatzschulen. Diese ist ebenfalls nicht zwingend. Man könnte sehr wohl – unter dem Gesichtspunkt der Subsidiarität – zu einer Formulierung kommen, die freie Trägerschaft zur Regel macht, staatliche Trägerschaft hingegen als subsidiäre Ersatzleistung des Staates fasst. Zu einer solchen wäre der Staat dann verpflichtet, wenn auf dem Wege der freien Trägerschaft kein für die materielle Sicherung des Bildungsrechts hinreichendes Bildungsangebot zustande kommt.

Zusammenfassend kann man sagen, dass das Grundgesetz den Rückfall in die Unfreiheit (Unterbindung der Gründungsfreiheit) und in die Chancenungerechtigkeit (Sonderung nach Besitzverhältnissen) ausschließt, zugleich aber gegenüber einer Weiterentwicklung im Sinne höherer Freiheits- und Gerechtigkeitsgrade im Schulwesen offen ist. Diese größere Offenheit kann hergestellt werden, wenn sie in der Bevölkerung die entsprechende Akzeptanz erzielt und verfassungsändernde Mehrheiten zustande kommen, welche sie durchsetzen.

Das Gesagte impliziert auch – unter dem Gesichtspunkt des Föderalismus und der Kulturhoheit der Länder –, dass solche Entwicklungen zunächst in einzelnen Bundesländern möglich sein müssen.

In Schleswig-Holstein hat die AKTION MÜNDIGE SCHULE eine Volksinitiative für eine entsprechende Neufassung des Artikels 8 (Schulwesen) der Landesverfassung zustande gebracht, deren Vorschläge zugleich beispielgebend für eine Weiterentwicklung des Grundgesetzes sein können. Der Antrag im Wortlaut:

1. Jede Schülerin und jeder Schüler hat das Recht auf Bildung. Zur Ausübung ihres Rechtes auf Bildung stehen allen Kindern und Jugendlichen die Schulen in staatlicher, kommunaler oder freier Trägerschaft sowie die Schulen einer nationalen Minderheit zur Verfügung.

2. Schulen in staatlicher, kommunaler oder freier Trägerschaft sowie die Schulen der nationalen Minderheiten nehmen gleichberechtigt ihren öffentlichen Bildungsauftrag wahr. Ihre Finanzierung hat unabhängig von der Trägerschaft nach gleichen Maßstäben zu erfolgen. Die öffentlichen Zuschüsse müssen in ihrer Höhe so bemessen sein, dass sie den unentgeltlichen Zugang zu den Schulen ermöglichen.

3. Das Recht jeder Schule auf Selbstverwaltung ist entsprechend ihrer Trägerschaft zu gewährleisten.
4. Vertreter der Schulen wirken bei der Ausübung der staatlichen Schulaufsicht mit.
5. Das Land gewährleistet die freie Wahl zwischen den verschiedenen bestehenden Schularten durch die Erziehungsberechtigten.
6. Das Nähere regelt ein Gesetz.

Politiker schieben gegenüber solchen Entwicklungen gerne Finanzierungsargumente nach, wenn sich rechtlich-inhaltliche Argumente allein als zu schwach erweisen. Demgegenüber ist zu sagen:

1. Die Gewährleistung von Grundrechten kann nicht von der jeweiligen Kassenlage des Staates abhängig gemacht werden. Die Grundrechtsbindung des Staates führt vielmehr dazu, dass er finanzielle Prioritäten an den Grundrechten zu orientieren hat.
2. Die finanzielle Gleichstellung aller Schulen muss nicht notwendig in einem Schritt, sondern kann stufenweise erfolgen. Entscheidend ist die Frage nach dem politischen Willen. So wie wir den politisch gewollten Ausstieg aus der Atomenergie über einen längeren Zeitraum in Stufen vollziehen, so können wir auch ein mittelfristig angelegtes Ausstiegsszenario aus der Unfreiheit des Schulwesens in die Freiheit realisieren.

Freiheit als Lebensbedingung der Kultur – Strukturwandel der Öffentlichkeit

Freiheit ist heute der einzig mögliche Boden, auf dem Kulturleben gedeihen kann. Alle Fragen der geistigen Kultur – die Frage nach der Pädagogik wie die Frage nach der Medizin, die Frage nach dem künstlerischen bzw. wissenschaftlichen Ansatz oder die Frage nach dem religiösen Bekenntnis – können heute nicht mehr allgemeingültig für alle Menschen beantwortet werden. Denn die Antworten sind vom individuellen Urteil abhängig. Pluralismus ist daher die einzig lebensmögliche Form des Kulturlebens, der Strukturwandel der Öffentlichkeit ist durch Pluralisierung gekennzeichnet. Die Auseinandersetzungen um Kruzifixe in Klassenzimmern, um das Kopftuch der Klassenlehrerin islamischen Glaubens, um bestimmte Inhalte einzelner Unterrichtsfächer weisen deutlich auf die Unmöglichkeit hin, einen inhaltlichen Konsens über *das* Schulwesen herzustellen. Der Versuch dazu kann darin enden, dass Minderheiten Inhalte übergestülpt werden oder dass eine Entwertung der inhaltlichen Seite des Unterrichts dadurch eintritt, dass alles nicht Konsensfähige ausgeklammert wird. In beiden Fällen entsteht sterile Einheitlichkeit. Alle Kultur, alle Bildung, Kunst, Wissenschaft usw., lebt aber von den innovativen Fähigkeiten der einzelnen menschlichen Persönlichkeit. Eine Gesellschaft, die Individualität in diesem Bereich behindert, schneidet sich selbst von den Innovationskräften ab, von denen ihre Entwicklung doch abhängt.

In einer offenen Gesellschaft brauchen wir auch gar keinen Konsens über die Kulturinhalte, sondern nur die aktive Toleranz für das jeweils andere, die Akzeptanz für alle Impulse beispielsweise im Schulwesen, die von mündigen Menschen gewollt werden und die gleiche Toleranz praktizieren wollen. Die Akzeptanz der Freiheit von jedermann ist der Konsensboden, der den alten inhaltlichen Konsens ersetzt.

Innerer Zusammenhang der Grundrechte

Zu Recht wird argumentiert, beispielsweise in der Debatte über die so genannte akustische Wohnraumüberwachung, dass es einen wechselseitigen Zusammenhang der Grundrechte gibt: So muss abgewogen werden, in welcher Weise Schutz der Privatsphäre des Einzelnen und der Schutz des Einzelnen vor Kriminalität ins Gleichgewicht gebracht werden. Es ist daher sachgemäß, bei der Untersuchung des Wesensgehalts eines einzelnen Grundrechts dieses im Kontext anderer Grundrechte zu betrachten, zumal im Artikel 19 von Grundrechten im Plural die Rede ist.

In Bezug auf das Schulwesen, hier zugleich beispielhaft für andere Bereiche des kulturellen Lebens genommen, kommen dabei die folgenden Artikel in Betracht:

Artikel 2 (Allgemeine Handlungsfreiheit; Freiheit der Person; Recht auf Leben). Dessen Absatz 1 lautet: „Jeder hat das Recht auf die freie Entfaltung seiner Persönlichkeit, soweit er nicht die Rechte anderer verletzt und nicht gegen die verfassungsmäßige Ordnung oder das Sittengesetz verstößt.“ Absatz 2 sagt u.a.: „Die Freiheit der Person ist unverletzlich.“ – Die Unterbindung oder Einschränkung des Handelns aus Erkenntnis, soweit die Rechte anderer – Nichtbetroffener – und soweit Verfassung und Sittengesetz nicht berührt sind, stellt eine Verletzung des Grundsatzes der allgemeinen Handlungsfreiheit bzw. der Persönlichkeitsentfaltung und der Unverletzlichkeit der Freiheit der Person dar.

Der den Wesensgehalt der Grundrechte schützende Artikel 19 besagt in Absatz 3 im Übrigen klar: „Die Grundrechte gelten auch für inländische juristische Personen, soweit sie ihrem Wesen nach auf diese anwendbar sind.“ Insoweit bezieht sich der Grundsatz der Handlungsfreiheit auch auf rechtlich verfasste Verantwortungsgemeinschaften, z.B. Schulvereine, die einen bestimmten pädagogischen Ansatz praktisch durch die Gründung oder Unterhaltung von Schulen fördern möchten. Im Übrigen sind diese Vereinsgründungen bzw. freie Vereinbarungen zwischen Eltern und Lehrern auch durch Vereinigungsfreiheit (Art. 9) und Vertragsfreiheit gedeckt.

Die Vertragsfreiheit ist zwar im Grundgesetz nicht ausdrücklich erwähnt, ergibt sich aber aus dem Grundrecht der allgemeinen Handlungsfreiheit. Diese muss der Sache nach auch die Möglichkeiten einschließen, die Beziehungen zwischen Einzelnen oder Gruppen in selbstbestimmter Weise zu ordnen.

Weiter kommt in Betracht der Artikel 4 (Glaubens-, Gewissens- und Bekenntnisfreiheit), der u.a. besagt: „Die Freiheit des Glaubens, des Gewissens und die Freiheit des religiösen und weltanschaulichen Bekenntnisses sind unverletzlich.“ Der Begriff der Weltanschauung darf nicht auf traditionelle Formen wie konfessionelle religiöse Bekenntnisse beschränkt gedacht werden. Wenn individuelles Urteil Kern der Mündigkeit ist, dann ist die individuelle Art, die Welt aufzufassen und diese Auffassungen zu leben, durch den Artikel geschützt. Im Sinne des Grundgesetzes ist es unstatthaft, Weltanschauung mit Ideologie zu identifizieren. Gerade in der Wissenschaft bestimmt das „erkenntnisleitende Interesse“ und die Auffassung über die jeweilige soziale und menschliche Relevanz wissenschaftlicher Resultate die Richtung der Forschung und Lehre wesentlich mit. Im Schulwesen kann der durch diesen Artikel gewährte Schutz nicht auf „Weltanschauungsschulen“ im engeren Sinne des Wortes begrenzt werden. Die Waldorfschule z.B. ist keine klassische Weltanschauungsschule, dennoch ist die Entscheidung für diesen Schultyp eine Frage, die jeder mit seinem eigenen Gewissen auszumachen hat. Es geht um die Freiheit des Lehrers, des Arztes, des Patienten, des Elternteils, seine individuellen Auffassungen in Bezug auf die Medizin oder die Pädagogik nicht nur privat zu pflegen, sondern sie sozial zu leben. Weltanschauungsfreiheit heißt immer Freiheit des Handelns aus eigener Einsicht.

In Betracht kommt ferner der Artikel 12 (Berufsfreiheit; Verbot der Zwangsarbeit). Er besagt: „Alle Deutschen haben das Recht, Beruf, Arbeitsplatz und Ausbildungsstätte frei zu wählen. Die Berufsausübung kann durch Gesetz oder auf Grund eines Gesetzes geregelt werden.“ Staat und Verwaltung dürfen daher keine Auflagen für das Ergreifen z.B. des Lehrerberufs machen, die dieses Recht substantiell aushöhlen. Die Freiheit der Schule ist daher immer auch die Freiheit der Lehrerausbildung nach eigenen Kriterien, auch in Bezug auf die vorausgesetzten Qualifikationen der Studierenden. Denn wie z.B. Berufs- und Lebenserfahrungen im Verhältnis zu akademischen Graden und staatlichen Diplomen gewichtet werden sollen, ist eine Frage der jeweiligen Auffassung von Pädagogik. Die in Artikel 7 geforderte Gleichwertigkeit in der wissenschaftlichen Ausbildung der Lehrkräfte darf nicht als Freibrief für Normierung genommen werden.

Die finanzielle Benachteiligung von Einrichtungen in freier Trägerschaft und deren „Klienten“ widerspricht im Grunde dem Gleichheitsgrundsatz des Artikels 3; die Bestimmung der Lehrpläne durch den Staat ist im Kern unvereinbar mit dem Grundsatz der Lehrfreiheit des Artikels 5. Auch wenn hier die Schule nicht ausdrücklich genannt ist, sondern nur Kunst und Wissenschaft, so ist die Beschränkung dieses Grundsatzes auf die universitäre Lehre nicht zwingend, ja nicht einmal plausibel. Angewandte Pädagogik ist angewandte Wissenschaft, bei der im Übrigen der erziehungskünstlerische Ansatz nicht behindert werden darf.

Autonomie und Teilautonomie

Gegenwärtig erleben wir im Rahmen eines „New Public Management“ eine gewisse Lockerung der bisherigen Staatsaufsicht über das Schulwesen und andere Teile des Kulturlebens. Diese Lockerung reduziert sich darauf, eine gewisse Teilautonomie einzuräumen. Den Autonomierahmen prinzipiell hierauf zu begrenzen, auch dort, wo volle Autonomie von den Beteiligten gewollt wird, wäre eine durch das Grundgesetz nicht gedeckte Einschränkung. Ebenso verfassungswidrig wäre eine Zwangsverpflichtung, bestimmte Formen der Qualitätssicherung zu implementieren, die von den Betroffenen gerade für die pädagogische Qualität als abträglich betrachtet werden. Schon gar nicht darf eine Orientierung an Verfahren der Ökonomie zur Pflicht gemacht werden. Nicht nur die Fremdbestimmung durch staatliche Reglementierung, sondern auch die Unterwerfung des Bildungswesens unter die Ökonomie ist mit dem Wesensgehalt der Grundrechte unvereinbar.

Wenn man sich am Wesensgehalt der Grundrechte als der Grundlage der weiteren Verfassungsentwicklung orientiert, dann darf der Staat des

Grundgesetzes niemals in die Rolle des Obrigkeits- und Mehrheitsstaats zurückfallen, wohl aber darf und soll er seine Rolle als Gewährleistungsinstanz für Freiheit und Selbstverwaltung weiter ausbauen.

„Ich bin überzeugt davon, dass die wichtigste Angelegenheit für die soziale Menschheitsentwicklung die Begründung eines solchen *Weltschulvereins* ist, der in weitesten Kreisen den Sinn für reales, konkretes freies Geistesleben erweckt. Wenn solche Stimmung über die Welt hin existieren wird, dann wird man nicht *Waldorfschulen als Winkelschulen* errichten müssen, die von Staates Gnaden bestehen, sondern dann werden die Staaten gezwungen sein, da, wo freies Geistesleben wirklich Schulen begründet, aus ihren eigenen Bedingungen heraus diese Schulen voll anzuerkennen, ohne von staatlicher Seite aus irgendwie hineinzureden [...].“

(Rudolf Steiner in einem Vortrag, gehalten in Den Haag am 27.2. 1921. In: Erziehungs- und Unterrichtsmethoden auf anthroposophischer Grundlage. GA 304, S. 128)

Der Verfassungsentwurf der Volksinitiative „Schule in Freiheit"

Die Aktion mündige Schule fordert den Landtag Schleswig-Holsteins auf, die folgende Änderung des Artikels 8 (Schulwesen) in der Landesverfassung zu beschließen:

Artikel 8 (neu)

Abs. 1 Jede Schülerin und jeder Schüler hat das Recht auf Bildung. Zur Ausübung ihres Rechtes auf Bildung stehen allen Kindern und Jugendlichen die Schulen in staatlicher, kommunaler oder freier Trägerschaft sowie die Schulen einer nationalen Minderheit zur Verfügung.

Abs. 2 Schulen in staatlicher, kommunaler oder freier Trägerschaft sowie die Schulen der nationalen Minderheiten nehmen gleichberechtigt ihren öffentlichen Bildungsauftrag wahr. Ihre Finanzierung hat unabhängig von der Trägerschaft nach gleichen Maßstäben zu erfolgen. Die öffentlichen Zuschüsse müssen in ihrer Höhe so bemessen sein, dass sie den unentgeltlichen Zugang zu den Schulen ermöglichen.

Abs. 3 Das Recht jeder Schule auf Selbstverwaltung ist entsprechend ihrer Trägerschaft zu gewährleisten.

Abs. 4 Vertreter der Schulen wirken bei der Ausübung der staatlichen Schulaufsicht mit.

Abs. 5 Das Land gewährleistet die freie Wahl zwischen den verschiedenen bestehenden Schularten durch die Erziehungsberechtigten.

Abs. 6 Das Nähere regelt ein Gesetz.

Bisher (zum Vergleich)

1. Es besteht allgemeine Schulpflicht.
2. Für die Aufnahme in weiterführende Schulen sind außer dem Wunsch der Erziehungsberechtigten nur Begabung und Leistung maßgebend.

3. Die öffentlichen Schulen fassen als Gemeinschaftsschulen die Schülerinnen und Schüler ohne Unterschied des Bekenntnisses und der Weltanschauung zusammen.
4. Die Erziehungsberechtigten entscheiden, ob ihre Kinder die Schule einer nationalen Minderheit besuchen sollen.
5. Das Nähere regelt ein Gesetz.

Begründung

I. Einleitung

In seinem Geleitwort zu der 1995 erschienenen Denkschrift „Zukunft der Bildung – Schule der Zukunft" schrieb der Ministerpräsident Nordrhein-Westfalens, Johannes Rau, unter anderem:

> „Wir müssen uns immer wieder neu fragen, was wir dazu beitragen können, damit junge Menschen als mündige Staatsbürger verantwortungsbewusst unsere soziale Demokratie mitgestalten – tolerant und weltoffen in einer Welt, die immer mehr zusammenwächst. Es geht um die ständige Vergewisserung, wie wir alle lern- und zukunftsfähig bleiben.
>
> Ich meine, dass Antworten auf solche grundlegenden Fragen nicht ‚von oben' verordnet werden können. Dazu bedarf es vielmehr eines offenen Diskurses mit und zwischen allen, die an Schule, Bildung, Aus- und Weiterbildung beteiligt und auf sie angewiesen sind. Bildungsreformen sind nur erfolgreich, wenn sie von möglichst vielen Beteiligten und Betroffenen mitgestaltet und mitgetragen werden."[1]

Mit diesen Worten ist ausgedrückt, was die AKTION MÜNDIGE SCHULE als ihren Auftrag sieht. Sie möchte dazu beitragen, dass die notwendige Umstrukturierung des Schulwesens in Schleswig-Holstein mit dem Gestaltungswillen und Ideenreichtum umgesetzt wird, die durch ein allzu langes Verharren in den überkommenen, weitgehend verstaatlichten Strukturen jetzt dringend gefordert sind.

In Kapitel IV.2.1 der Denkschrift steht zu lesen:

---

1 „Zukunft der Bildung – Schule der Zukunft". Denkschrift, Hg. Bildungskommission NRW, Neuwied/Kriftel/Berlin 1995.

„Eigenverantwortung ist gegenwärtig ein zwar fachlich und bildungspolitisch gewünschtes, von den vorliegenden rechtlichen Rahmenbedingungen und Kompetenzzuweisungen her jedoch nur nachrangig zugelassenes bzw. toleriertes Element. Verantwortung im Schulbereich ist weitestgehend zentral bei Regierung und Aufsichtsbehörden konzentriert."[2]

Weiter unten heißt es:

„Das öffentliche Schulwesen leidet darunter, dass es mit weitgehend standardisierten Modellen betrieben wird und einer Herausforderung durch alternative und konkurrierende pädagogische und organisatorische Modelle kaum ausgesetzt ist.

Qualitätsverbessernde Impulse, die sich aus einem Wettbewerb unterschiedlicher Konzepte ergeben könnten, spielen bisher kaum eine Rolle im Steuerungssystem.

Mit der primär zentralen Steuerung geht eine Dominanz von Verwaltungs- und Organisationsbelangen gegenüber pädagogischen Zielen einher, weshalb derzeit solche pädagogischen Innovationen am ehesten Realisierungschancen haben, die mit den tradierten Organisationsstrukturen vereinbar sind. Begünstigt werden also nicht das Experimentieren und das Entdecken neuer Problemlösungen. Das System tendiert vielmehr zur Stabilisierung vorhandener Strukturen und Verfahren. Es ist nicht auf Entwicklung und kontinuierliche Qualitätsverbesserung ausgerichtet, sondern auf Fehlersuche und Fehlervermeidung. Es behindert so oft Eigeninitiative, lähmt Risikobereitschaft und Selbstverantwortung. [...] Das Schulsystem ändert sich zu langsam, um mit den Veränderungen der gesellschaftlichen Wirklichkeit Schritt halten zu können."[3]

Als Konsequenz kommt die Denkschrift u.a. zu folgendem Schluss:

„Die Kommissionsempfehlungen intendieren eine Veränderung der Aufgaben und Rechte von Einzelschulen, Trägern und Schulaufsicht und ihrer Stellung zueinander im System; sie verändern aber auch die Rollen der Beteiligten in diesen Institutionen. [...]

Voraussetzung ist ein Wechsel der Grundorientierung: Erforderlich ist ein am Prinzip der Selbstorganisation und am Subsidiaritätsgedan-

---

2 Ebd., S. 151.

3 Ebd., S. 152 f.

ken orientierter Umbau der gegenwärtigen Entscheidungs- und Verantwortungsstrukturen. Dies schließt eine Umkehrung der bisherigen primären ‚Zuständigkeitsvermutung' ein: Nicht bei den staatlichen Aufsichtsbehörden – und hier möglichst weit oben im System – wird die größte Kompetenz zur Lösung der Probleme angenommen, sondern zunächst bei den Beteiligten und Betroffenen vor Ort. Steuerungsentscheidungen sollen auf der möglichst niedrigsten Ebene getroffen und auch verantwortet werden. So ist es möglich, tatsächliche Handlungsmöglichkeiten und Verantwortlichkeiten zur Übereinstimmung zu bringen."[4]

Schleswig-Holstein hat bereits heute eine Verfassung, welche die Rechte der nationalen Minderheiten auch für den schulischen Bereich sichert. Die Schulen nationaler Minderheiten sind in ihrem Verhältnis zu den staatlichen Organen des Landes autonom und arbeiten damit faktisch unter Bedingungen, die den oben zitierten Empfehlungen weitgehend entsprechen.

Ansonsten folgt die jetzt gültige Verfassung in ihrem Artikel 8 aber der unausgesprochenen Voraussetzung, dass Schule im Grundsatz eine staatliche Veranstaltung sei – nicht anders als Polizei, Justiz und Armee. Diese Auffassung steht im Widerspruch zu einem Bildungsverständnis, welches Bildung als anthropologisch begründete, öffentliche Aufgabe mündiger Bürger versteht. Der Widerspruch, der sich aus der unreflektierten Gleichsetzung von „öffentlich" und „staatlich" ergibt, lässt sich nur auflösen, indem der Gedanke der Autonomie und Selbstverantwortung konsequent Einzug hält in die Umstrukturierung des Schulwesens. An erster Stelle steht bei einer Schule der pädagogische Auftrag, und der ist immer individuell-konkret. Er kann daher auch nur „vor Ort" sachgemäß gestaltet und entwickelt werden. Für den Staat bedeutet dies, dass er dafür Sorge tragen muss, dass die Bildungseinrichtungen ihre Aufgabe in weitestgehender Selbstverwaltung erfüllen können – und in ihren Rechten gleich behandelt werden, anstatt, wie heute noch, je nach Trägerschaft verschieden. Als weiterer wesentlicher Gesichtspunkt muss gelten, dass sich die Schulaufsicht zu einem Koordinationsorgan der betroffenen Einrichtungen entwickeln muss, das der Verständigung und Einigung in übergreifenden

4 Ebd., S. 154. – Es folgen eine Vielzahl von Empfehlungen, die hier aus Platzgründen nicht zitiert werden können, die aber inhaltlich weitestgehend mit den Intentionen der AKTION MÜNDIGE SCHULE korrespondieren und daher zur Lektüre empfohlen werden.

Fragen dient und seine Aufsichtsfunktionen entsprechend an dem individuellen Schulprofil zu orientieren hat.

II. Die Begründung im Einzelnen

(1) *„Jede Schülerin und jeder Schüler hat das Recht auf Bildung. Zur Ausübung ihres Rechtes auf Bildung stehen allen Kindern und Jugendlichen die Schulen in staatlicher, kommunaler oder freier Trägerschaft sowie die Schulen einer nationalen Minderheit zur Verfügung."*

Der Begriff „Recht auf Bildung" wird hier in Übereinstimmung mit Artikel 26 (Recht auf Bildung) der „Allgemeinen Erklärung der Menschenrechte" der Vereinten Nationen[5] verwandt. – In Artikel 26, Absatz 1 dieser Erklärung heißt es:

„Jeder Mensch hat das Recht auf Bildung. Der Unterricht muss wenigstens in den Elementar- und Grundschulen unentgeltlich sein. Der Elementarunterricht ist obligatorisch. Fachlicher und beruflicher Unterricht soll allgemein zugänglich sein; die höheren Schulen sollen allen nach Maßgabe ihrer Fähigkeiten und Leistungen in gleicher Weise offen stehen."

In Absatz 3 heißt es weiter:

„In erster Linie haben die Eltern das Recht, die Art der ihren Kindern zuteil werdenden Bildung zu bestimmen."

Mit dem „Recht auf Bildung" wird also ein Grundrecht für alle Kinder und Jugendlichen ausgesprochen, das den Begriff der Schulpflicht durch eine Unterrichtspflicht ersetzt. Es ist Sache des Ausführungsgesetzes, die materiellen und rechtlichen Voraussetzungen dafür zu schaffen, dass alle Kinder und Jugendlichen ihr Recht auf Bildung wahrnehmen können.

(2) *„Schulen in staatlicher, kommunaler oder freier Trägerschaft sowie die Schulen der nationalen Minderheiten nehmen gleichberechtigt ihren öffentlichen Bildungsauftrag wahr. Ihre Finanzierung hat unabhängig von der Trägerschaft nach gleichen Maßstäben zu erfolgen. Die öffentlichen Zuschüsse müssen in ihrer Höhe so bemessen sein, dass sie den unentgeltlichen Zugang zu den Schulen ermöglichen."*

---

[5] Verabschiedet von der Generalversammlung der UNO am 10.12.1948.

Alle Schulen leisten ihren Beitrag zu dem öffentlichen Auftrag „Bildung". Soll die Vielfalt und freie Zugänglichkeit aller Angebote gewährleistet sein, so lassen sich unterschiedliche Maßstäbe in der Finanzierung, abhängig vom jeweiligen Träger, nicht rechtfertigen. Es gehört vielmehr zu den Aufgaben des Staates, über die gleichberechtigte Behandlung aller Träger die finanziellen Voraussetzungen für deren pädagogische Wirksamkeit zu schaffen. Entscheidend ist die Vergleichbarkeit der Schulen auf Grundlage ihrer Gleichwertigkeit, nicht aber die Trägerschaft. Diese Regelung schließt selbstverständlich nicht die Möglichkeit für die einzelnen Schulen aus, sich über Fördervereine o.ä. zusätzliche Mittel zu verschaffen, wie es bereits heute gängige Praxis ist.

(3) *„Das Recht jeder Schule auf Selbstverwaltung ist entsprechend ihrer Trägerschaft zu gewährleisten."*

Pädagogik ist immer individuell-konkret. Selbstverwaltung ist eine elementare Voraussetzung für die Entfaltung und Entwicklung pädagogischer Konzepte, die den tatsächlichen Gegebenheiten und Bedürfnissen vor Ort entsprechen. Dazu gehört die Berufung des pädagogischen Kollegiums[6] ebenso wie die Rechtsfähigkeit der einzelnen Schule.

(4) *„Vertreter der Schulen wirken bei der Ausübung der staatlichen Schulaufsicht mit."*

Innerhalb eines auf Initiative und Eigenverantwortung basierenden Schulwesens muss sich auch die Schulaufsicht wandeln. Sie ist zu einem Organ weiterzuentwickeln, welches die Belange der Schulen koordiniert. Es entspricht einem modernen Demokratie- und Staatsverständnis, dass die Vertreter der unterschiedlichen Schularten und -trägerschaften so weit als möglich in die Erstellung verbindlicher Richtlinien einbezogen werden.

(5) *„Das Land gewährleistet die freie Wahl zwischen den verschiedenen bestehenden Schularten durch die Erziehungsberechtigten."*

Die Eigenverantwortung der Erziehungsberechtigten für die Wahl der Schulart ist zu respektieren.

(6) *„Das Nähere regelt ein Gesetz."*

---

[6] Kriterium für die Zulässigkeit einer Berufung und für die Unterrichtsgenehmigung kann dabei nur die Gleichwertigkeit, nicht etwa eine Gleichartigkeit der Ausbildung der Lehrkräfte sein. (Vgl. hierzu § 105 des Musterentwurfes für ein Landesschulgesetz vom Deutschen Juristentag.)

Abschließend sei noch auszugsweise eine Entschließung des Europäischen Parlaments vom 14.3.1984 zitiert, welche den Titel trägt: „Entschließung zur Freiheit der Erziehung in der Europäischen Gemeinschaft."

Am 14.3.1984 forderte das Europäische Parlament „für den Bereich der Europäischen Gemeinschaft die Anerkennung folgender Grundsätze:

(1) Kinder und Jugendliche haben Anspruch auf Erziehung und Unterricht; dazu gehört das Recht des Kindes, seine Fähigkeiten und Talente zu entwickeln; die Eltern haben im Rahmen der gemeinsamen Verfassungsüberlieferungen der Mitgliedstaaten und der auf diesen beruhenden Gesetzen das Recht, die Erziehung und die Art des Unterrichts ihrer minderjährigen Kinder zu bestimmen;

(2) alle Kinder und Jugendlichen haben das Recht auf Erziehung und Unterricht ohne Diskriminierung aufgrund des Geschlechts, der Rasse, der philosophischen oder religiösen Überzeugungen, der Staatszugehörigkeit oder der sozialen oder wirtschaftlichen Lebensumstände;

(3) [...]

(4) [...]

(5) die Erziehung und der Unterricht haben zum Ziel, die Persönlichkeit zur vollen Entfaltung zu bringen sowie die Achtung der Menschenrechte und Grundfreiheiten zu stärken;

(6) die Freiheit der Erziehung und des Unterrichts ist zu gewährleisten;

- die Freiheit der Erziehung und des Unterrichts beinhaltet das Recht, eine Schule zu eröffnen und Unterricht zu erteilen;
- diese Freiheit beinhaltet ferner das Recht der Eltern, für ihre Kinder unter den vergleichbaren Schulen eine Schule zu wählen, in der diese den gewünschten Unterricht erhalten; [...]
- entsprechend dem Recht der Eltern ist es deren Sache, über die Auswahl der Schule ihrer Kinder bis zu deren eigener Entscheidungsfähigkeit zu entscheiden; Sache des Staates ist es, die dafür nötigen Einrichtungen öffentlicher oder freier Schulen zu ermöglichen; [...]

(7) [...]

(8) die freigegründeten Schulen, die die gesetzlich festgelegten, sachlichen Voraussetzungen für die Verleihung der Zeugnisse erfüllen, werden staatlich anerkannt; sie verleihen die gleichen Berechtigungen wie die staatlichen Schulen;

– aus dem Recht der Freiheit der Erziehung folgt wesensnotwendig die Verpflichtung der Mitgliedstaaten, die praktische Wahrnehmung dieses Rechts auch finanziell zu ermöglichen und den Schulen die zur Durchführung ihrer Aufgaben und zur Erfüllung ihrer Pflichten erforderlichen öffentlichen Zuschüsse ohne Diskriminierung der Organisatoren, der Eltern, der Schüler oder des Personals zu den gleichen Bedingungen zu gewähren, wie sie die entsprechenden öffentlichen Unterrichtsanstalten genießen; [...]."

*

Die Nachbarschaft Schleswig-Holsteins zu Dänemark lässt unser Land als prädestiniert erscheinen, einen nächsten Schritt in Richtung eines freien, auf Entwicklung angelegten Schulwesens zu tun. Dänemark hat durch seine Geschichte bereits wesentliche Schritte in dieser Richtung getan, während Deutschland sich im Laufe dieses [20.] Jahrhunderts mit verschiedenen Formen des Obrigkeitsstaates auseinander setzen musste. Unser Schulwesen trägt noch immer Merkmale des Obrigkeitsstaates, obwohl allein schon der Umstand, dass die staatlichen Schulverwaltungen seit dem Jahrhundertbeginn fünf verschiedenen politischen Systemen[7] dienten, Anlass genug sein sollte, für ein unabhängiges Bildungswesen einzutreten. Auch das Beispiel der Niederlande, wo 75 % aller Schulen freie Träger haben und wo bereits 1917 mit dem „Schulfrieden" die Gleichberechtigung der Schulträger eingeführt wurde, zeigt, dass eine Reform, wie sie die AKTION MÜNDIGE SCHULE anstrebt, in anderen europäischen Ländern schon längst bewährte Praxis ist. Es ist an der Zeit, das Zusammenwachsen Europas auch durch ein Schulwesen zu fördern, welches der Vielfalt, die immer ein Merkmal der europäischen Geschichte war, Rechnung tragt.

Handewitt, 11. Mai 1997

---

7 Vom Kaiserreich über Weimar zum Nationalsozialismus, danach DDR und Bundesrepublik.

Man merkt die Absicht – und ist nicht verstimmt

Sybille Volkholz*

Rezension des Buches von Frank-Rüdiger Jach: Schulverfassung und Bürgergesellschaft in Europa. Abhandlungen zu Bildungsforschung und Bildungsrecht, Bd. 2. Duncker & Humblot, Berlin 1999.

Das vorliegende Buch erörtert die pädagogische und bildungspolitische Debatte um größere Vielfalt der Schulträgerschaften wie auch die Autonomie der einzelnen Schule und bettet sie in einen demokratietheoretischen Rahmen ein. Jach geht es deutlich darum, die Notwendigkeit zu begründen, dass nur die Gleichstellung von Schulen in freier und in staatlicher Trägerschaft und die ungehinderte Wahlmöglichkeit dazwischen einer bürgerschaftlichen Verfassung entsprechen. Diese Absicht ist von Beginn an klar, sie schmälert aber den Wert der Arbeit in keiner Weise.

Bürgergesellschaft und Zivilgesellschaft werden als Gesellschaftsformationen mit hohem sozialverantwortlichen Ethos charakterisiert, was sie deutlich gegenüber neoliberaler Marktorientierung ebenso wie einem konservativem Staatsverständnis abgrenzt. Der wesentliche Unterschied zwischen obrigkeitsstaatlichen und bürgerschaftlichen Verfassungen ist die Stellung des Bürgers im Verhältnis zum Staat: Objekt in dem einen und Subjekt im anderen.

Sein Anliegen ist es, kommunitaristische und liberale Konzeptionen von Bürgergesellschaft und entsprechende Schulverfassungen zu vereinen. Daher ist bei ihm Freiheit und Vielfalt nicht gleich Beliebigkeit, sondern in hohem Maße mit Mündigkeit und Verantwortlichkeit verbunden.

Während allerdings – nach Jachs Interpretation – der Kommunitarismus die Erziehung zu Werthaltungen und Moral in den Mittelpunkt stellt, geht es einer bürgerschaftlichen Schule darum, ein „angemessenes Verhältnis von zentralen Werten und Pluralität herzustellen".

Kern einer bürgerschaftlichen Gesellschaft ist der Schutz von Minderheiten. Dies ist ein inhaltliches Thema auch für die Schulen, aber auch ein strukturelles. Minderheiten müssen – so Jach – das Recht erhalten, ihre

---

* **Sybille Volkholz** ist Sprecherin der Bundesarbeitsgemeinschaft Bildung (BAG Bildung) von Bündnis 90/Die Grünen.

jeweilige Identität entwickeln zu können. Zur ähnlichen Schlussfolgerung führt ihn die Frage nach der Europäisierung der Schule als Aufhebung nationalstaatlicher Grenzen auch für Schulen. Gerade die Schaffung einer europäischen Kultur- und Wertegemeinschaft legitimiert für ihn die Notwendigkeit einer „prozedualen Sicherung einer kulturellen Vielfalt im Bildungswesen".

Die staatliche Aufgabe, Chancengleichheit zu sichern, erfordert nach seiner Meinung im besonderen Maße eine „Gewährung gleicher Bedingungen für alle bei der Ausübung ihres Rechtes auf Bildung". Zu fragen ist hier allerdings, ob nicht das Sozialstaatsgebot zur Herstellung gleicher Lebensbedingungen gerade dadurch erfüllt werden müsste, für Ungleiche auch unterschiedliche Bedingungen herzustellen, damit Nachteile ausgeglichen werden können.

Besonders verdienstvoll ist der umfangreiche Vergleich nahezu aller europäischen Verfassungstypologien und ihrer Entsprechungen in den jeweiligen Schulverfassungen. Der Vergleich der Diskussionen über die Zukunft des Sozialstaates in den Niederlanden und der Bundesrepublik ist äußerst hilfreich, zeigt er doch, dass mehr Autonomie nicht mit weniger sozialer Gerechtigkeit gleichzusetzen ist. Die Formulierung der Staatsaufgabe in beiden Ländern ist außerordentlich aufschlussreich: Art. 7 GG: „Das gesamte Schulwesen steht unter Aufsicht des Staates", und Art. 23 Abs. 1 der Verfassung der Niederlande: „Das Unterrichtswesen ist Gegenstand ständiger Sorge der Regierung." Zudem stellt er auch fest, dass ein Zurückdrängen staatlicher Gestaltungsbefugnis keineswegs die Selektivität des jeweiligen Schulwesens erhöhen muss.

Die Darstellung der Bundesrepublik zeigt noch mal deutlich die Schwierigkeiten, mit denen sich die Bemühungen um mehr Autonomie von Schulen und mehr bürgerschaftlicher Verantwortung auseinander zu setzen haben. Die Tradition des Absolutismus hat sich in der obrigkeitsstaatlichen Tradition einer Grundgesetzinterpretation wiedergefunden, die die Schulaufsicht gleichsetzt mit der Gestaltungsbefugnis. Diese Schwierigkeiten werden auch durch die jüngste Rechtsprechung (BVerfG zum schleswig-holsteinischen Personalvertretungsgesetz) nicht geringer.

Die Autonomiegegner ortet er vor allem in der GEW, dem Philologenverband und der SPD. Damit macht er es sich zu einfach, dort haben sich mittlerweile auch die Argumente differenzierter entwickelt, auch SPD-regierte Länder verabschieden mittlerweile Schulgesetze, die mehr Freiräume intendieren. Allerdings ist das Beharrungsvermögen von Politik, Rechtsprechung, Verwaltung und den Praktikern vor Ort in der Tat ungeheuerlich.

Er liefert ein hilfreiches Kapitel zur Rechtsprechung über Genehmigungen und Finanzierungen von Schulen in freier Trägerschaft, wie auch insgesamt eine Würdigung unterschiedlicher Finanzierungssysteme. Wesentlich für die Frage der Chancengleichheit ist für ihn die Frage eines veränderten Finanzierungssystems, z.B. in Form von Bildungsgutscheinen.

Insgesamt stellt er mit seinem Werk in der gegenwärtigen Debatte um mehr Autonomie von Schulen einen sinnvollen Bezug zu demokratietheoretischen Diskursen über Zivil- und Bürgergesellschaft, die weniger Bevormundung und mehr Partizipation von BürgerInnen vorsehen, mehr Bürgergesellschaft bedeutet nicht nur mehr Beteiligung, sondern auch mehr Verantwortung. Dies ist für die bildungspolitische Debatte eine Bereicherung und eine Erweiterung des Horizontes vor allem auch in internationaler Hinsicht.

Skizze zu einer „Charta der Grundrechte der Europäischen Union“

Was die AKTION MÜNDIGE SCHULE in Schleswig-Holstein für das Schulwesen zu tun versucht, ist in den letzten Monaten ein europäisches Thema geworden: Wie kann eine „Charta der Grundrechte der Europäischen Union“, für eine gesamteuropäische Verfassung also, den Rahmen für ein freiheitliches, demokratisches und solidarisches Miteinander der Menschen in Europa bilden? Wir drucken hier einen der eingereichten Vorschläge ab, weil er sich ausdrücklich auch auf die AKTION MÜNDIGE SCHULE beruft. Gerne hätten wir Ihnen noch einen weiteren Entwurf vorgestellt, der zur Zeit unter maßgeblicher Beteiligung des *European Forum for Freedom in Education* (EFFE) erarbeitet wird, doch möchten seine AutorInnen ihn nicht veröffentlichen, bevor unter den europäischen Verbänden der Schulen in freier Trägerschaft – die immerhin 15 Mio. SchülerInnen vertreten – ein möglichst breiter Konsens über die genauen Formulierungen erreicht wurde.

Vorschlag des „Netzwerkes Dreigliederung“

Gerald Häfner, Dr. Christoph Strawe, Dr. Robert Zuegg

(Unter Verwendung der Texte des Grundgesetzes für die Bundesrepublik Deutschland, der UNO-Menschenrechtsdeklaration, der Europäischen Menschenrechtskonvention, der schweizerischen Bundesverfassung, von Vorschlägen der Initiative Schweiz im Gespräch, der AKTION MÜNDIGE SCHULE Schleswig-Holstein und des Kuratoriums für einen demokratisch verfassten Bund deutscher Länder.)

Grundrechte

Artikel 1 [Menschenwürde; staatliche Grundrechtsbindung; weitergehende Grundrechtsgarantien]

(1) Die Würde des Menschen ist unantastbar. Die menschliche Individualität zu achten, zu schützen und in ihrer Selbst- und Mitverantwortung zu fördern, ist höchste Verpflichtung aller staatlichen Gewalt.

(2) Die Europäische Union (EU) und ihre Mitgliedstaaten verpflichten sich darum zur Wahrung und Verwirklichung der unverletzlichen und unveräußerlichen Menschenrechte als Grundlage jeder menschenwürdigen Gemeinschaft, des Friedens und der Gerechtigkeit in der Welt.

(3) Diese Grundrechtscharta bindet alle rechtssetzende, rechtsanwendende und rechtsprechende Gewalt in der EU und deren Mitgliedstaaten. Sie umfasst individuell einklagbare Ansprüche des Einzelnen sowie wegleitende Ordnungsprinzipien einer freiheitlichen, demokratischen und sozialen Gesellschaft.

(4) Weitergehende Grundrechtsgarantien der einzelnen Mitgliedstaaten sowie der Europäischen Konvention zum Schutze der Menschenrechte und Grundfreiheiten (EMRK) werden in ihrem Bestand durch diese Grundrechtscharta nicht berührt.

Artikel 2 [Freiheit der Person; Recht auf Leben; Handlungs- und Vertragsfreiheit; Recht auf Hilfe in Notlagen]

(1) Jeder Mensch hat das Recht auf Leben und körperliche Unversehrtheit. Die Todesstrafe und jede andere Art grausamer und erniedrigender Behandlung sind verboten.

(2) Jeder hat das Recht auf die freie Entfaltung seiner Persönlichkeit, soweit er nicht die Rechte anderer verletzt und nicht gegen die grundrechtliche Ordnung der Europäischen Union bzw. der Mitgliedstaaten verstößt.

(3) Jeder Mensch hat im Rahmen allgemeiner Handlungsfreiheit der Person das Recht, seine Beziehung zu anderen durch vertragliche Vereinbarung zu regeln und zu gestalten.

(4) Wer in Not gerät, hat Anspruch auf Hilfe und Betreuung und auf die Mittel, die für ein menschenwürdiges Dasein unerlässlich sind.

Artikel 3 [Gleichheit vor dem Gesetz; Diskriminierungsverbot; Gleichberechtigung von Frauen und Männern]

(1) Alle Menschen sind vor dem Gesetz gleich.

(2) Niemand darf diskriminiert werden, namentlich nicht wegen seiner Herkunft, der Rasse, des Geschlechts, des Alters, der Sprache, der sozialen Stellung, der Lebensform, der religiösen, weltanschaulichen

oder politischen Überzeugung, der sexuellen Orientierung oder wegen einer körperlichen, psychischen oder geistigen Behinderung.

(3) Mann und Frau sind gleichberechtigt; die Gesetzgebung sorgt für ihre rechtliche und tatsächliche Gleichstellung, vor allem in Familie, Ausbildung und Arbeit.

Artikel 4 [Glaubens-, Gewissens- und Bekenntnisfreiheit]

(1) Die Glaubens- und Gewissensfreiheit ist gewährleistet.

(2) Jeder Mensch hat das Recht, seine Religion, seine weltanschauliche und ethische Überzeugung frei zu bestimmen und diese allein oder in Gemeinschaft öffentlich zu bekennen und zu praktizieren.

(3) Niemand darf gegen sein Gewissen zum Kriegsdienst mit der Waffe gezwungen werden.

Artikel 5 [Meinungs-, Informations-, Medienfreiheit; Kunst und Wissenschaft]

(1) Jeder Mensch hat das Recht, seine Meinung frei zu bilden und mit allen Verständigungsmitteln ungehindert zu äußern und zu verbreiten, sowie das Recht auf uneingeschränkten Zugang zu allen öffentlichen Informationen.

(2) Die freie Berichterstattung durch die Medien ist gewährleistet. Sie findet ihre Schranke allein an der unantastbaren Würde der Person anderer sowie am Anspruch der Kinder und Jugendlichen auf besonderen Schutz der Unversehrtheit ihrer Person und Entwicklung. Das Redaktionsgeheimnis ist unverletzlich. Eine Zensur findet nicht statt.

(3) Die Freiheit der Kunst und des Unterrichts sowie der wissenschaftlichen Forschung und Lehre sind gewährleistet.

Artikel 6 [Versammlungs-, Vereinigungs- und Koalitionsfreiheit]

(1) Jeder Mensch hat das Recht, sich ohne Erlaubnis friedlich und ohne Waffen zu versammeln.

(2) Jeder Mensch hat das Recht, sich mit anderen zu Vereinen, Gesellschaften oder anderen selbstverwalteten Körperschaften zusammenzuschließen.

(3) Das Recht, zur Wahrung und Förderung der Arbeits- und Wirtschaftsbedingungen Vereinigungen zu bilden, ist allgemein gewährleistet.

(4) Niemand darf gezwungen werden, einer Vereinigung anzugehören.

Artikel 7 [Recht auf Mitwirkung im staatlich-politischen Leben; Initiativ- und Abstimmungsrecht, Wahlrecht, Petitionsrecht, Recht zur Gründung von Parteien]

(1) Alle volljährigen Bürgerinnen und Bürger der Union haben das Recht, an der Gestaltung des staatlich-politischen Lebens ihres Landes und der Europäischen Union auf allen Ebenen teilzunehmen.

(2) Dies geschieht durch die Ausübung des Initiativ- und Abstimmungsrechtes sowie die Teilnahme an allgemeinen, freien, gleichen und geheimen Wahlen.

(3) Die Chancengleichheit der bei Abstimmungen oder Wahlen konkurrierenden Inhalte oder Bewerber ist zu gewährleisten.

(4) Alle Bürgerinnen und Bürger in der Union haben unter gleichen Bedingungen das Recht auf Zulassung zu öffentlichen Ämtern in ihrem Lande und in der Europäischen Union.

(5) Das Recht zur Gründung von Parteien und sonstigen politischen Vereinigungen ist gewährleistet.

(6) Jeder Mensch hat das Recht, sich einzeln oder in Gemeinschaft mit anderen schriftlich mit Petitionen oder Beschwerden an die zuständigen Stellen und an die Volksvertretungen zu wenden; es dürfen ihm daraus keine Nachteile erwachsen.

Artikel 8 [Unverletzlichkeit der Privatsphäre, Datenschutz]

(1) Jeder Mensch hat Anspruch auf Schutz seines privaten Lebensbereichs. Die Vertraulichkeit nichtöffentlicher Mitteilungen in Wort, Schrift, Bild oder Zeichen ist unverletzlich.

(2) Jeder Mensch hat ein Recht an seinen persönlichen Daten, auf Einsicht in alle ihn betreffenden Akten und Datenbestände sowie auf deren Schutz.

Artikel 9 [Freizügigkeit]

(Auf einen Formulierungsvorschlag wurde verzichtet.)

Artikel 10 [Gewährleistung des Asylrechts]

(Dieser Artikel, für den kein geschlossener Formulierungsvorschlag entwickelt wurde, sollte das Asylrecht in Europa menschenrechtskonform regeln und festhalten, dass Flüchtlinge nicht in einen Staat abgeschoben oder ausgeliefert werden dürfen, in dem sie verfolgt werden. Ferner, dass niemand in einen Staat abgeschoben werden darf, in dem ihm Folter oder eine andere Art grausamer und unmenschlicher Behandlung oder Bestrafung drohen.)

Artikel 11 [Rechte und Schutz von Kindern und Jugendlichen]

(1) Kinder und Jugendliche haben Anspruch auf umfassende Erziehung und Ausbildung, welche sich an den Bedingungen und Möglichkeiten der Entwicklung ihrer Individualität orientiert.

(2) Pflege und Erziehung der Kinder sind das natürliche Recht der Eltern und die primär ihnen obliegende Pflicht. Die staatliche Gemeinschaft gewährleistet, dass auch außereheliche oder ohne elterliche Betreuung lebende Kinder im Schutz einer Lebensgemeinschaft aufwachsen können. Sie schützt und fördert jede Lebensgemeinschaft, in der Kinder und Jugendliche aufwachsen, bei ihrer selbstverantwortlichen Aufgabenerfüllung.

(3) Kinder und Jugendliche haben darüber hinaus Anspruch auf besonderen Schutz der Unversehrtheit ihrer Person und ihrer Entwicklung.

Artikel 12 [Recht auf Bildung]

(1) Jeder Mensch in Europa hat das Recht auf Bildung. Für Kinder und Jugendliche darf der Besuch von Bildungseinrichtungen nicht von den wirtschaftlichen Verhältnissen der Eltern abhängig sein.

(2) Die Freiheit der elterlichen Erziehungsverantwortung ist gewährleistet; sie umfasst namentlich das Recht der Eltern, für ihre Kinder die Art der Bildungseinrichtung frei zu wählen.

(3) Der Staat garantiert den gleichen Zugang und die freie Wahl der Schule durch die Ermöglichung und gleichberechtigte Förderung von öffentlichen Schulen in staatlicher und freier Trägerschaft.

(4) Die von den Eltern gewählten Schulen in staatlicher oder freier Trägerschaft nehmen gleichberechtigt ihren öffentlichen Bildungsauftrag wahr. Das Recht zur Gründung sowie autonomen Gestaltung und

Verwaltung von Schulen in freier Trägerschaft, einschließlich der eigenständigen Ausbildung der Lehrkräfte, ist gewährleistet.

(5) Angehörige nationaler oder ethnischer Minderheiten haben das Recht, ihre Muttersprache zu lernen und eigene Schulen zu gründen und zu unterhalten.

(6) Das Schulwesen untersteht der Rechtsaufsicht der einzelnen europäischen Staaten.

Artikel 13 [Eigentum; Enteignung]

(1) Eigentum wird gewährleistet. Sein Gebrauch und seine Formen sollen zugleich der Erhaltung und Entwicklung der natürlichen und sozialen Lebensbedingungen dienen.

(2) Eine Enteignung ist nur im öffentlichen Interesse zulässig. Sie darf nur durch Gesetz oder auf Grund eines Gesetzes erfolgen, das Art und Ausmaß der Entschädigung regelt. Die Entschädigung ist unter gerechter Abwägung der Interessen der Allgemeinheit und der Beteiligten zu bestimmen.

Artikel 14 [Berufs- und Konsumfreiheit; vertragliche Gestaltungsfreiheit und Selbständigkeit der Wirtschaft]

(1) Die freie Wahl, Zugänglichkeit und Ausübung des Berufs sind gewährleistet; ebenso die Selbstbestimmung des Verbrauchers und die Vertragsfreiheit zwischen den Wirtschaftsteilnehmern. Die gesetzlichen Bestimmungen zum Schutz der Menschen und der Natur bleiben vorbehalten.

(2) Die Wirtschaft regelt und verwaltet ihre Angelegenheiten auf der Grundlage der staatlichen Rahmengesetzgebung selbständig; sie kann dazu vertragsberechtigte Organe bilden, an denen alle Wirtschaftsteilnehmer, Unternehmer, Mitarbeiter und Konsumenten, verantwortungsvoll beteiligt sind.

Artikel 15 [Einschränkung von Grundrechten; Wesensgehalts- und Rechtswegegarantie]

(1) Jeder Mensch ist in Ausübung seiner Rechte und Freiheiten nur den Beschränkungen unterworfen, die das Gesetz ausschließlich zu dem Zwecke vorsieht, um die Anerkennung und Achtung der Rechte und

Freiheiten anderer zu gewährleisten bzw. ein überwiegendes öffentliches Interesse zur Geltung zu bringen. Der Grundsatz der Verhältnismäßigkeit muss bei jedem Eingriff in Grundrechte gewahrt werden. In keinem Falle darf ein Grundrecht in seinem Wesensgehalt angetastet werden.

(2) Soweit ein Grundrecht durch Gesetz oder auf Grund eines Gesetzes eingeschränkt werden kann, muss das Gesetz allgemein und nicht nur für den Einzelfall gelten. Außerdem muss das Gesetz das Grundrecht unter Angabe des Artikels nennen.

(3) Die Grundrechte gelten auch für juristische Personen innerhalb der Europäischen Union, soweit sie ihrem Wesen nach auf diese anwendbar sind.

(4) Wird jemand in seinen Rechten verletzt, so hat er Anspruch auf wirksamen Rechtsschutz und nötigenfalls auf unentgeltlichen Rechtsbeistand. Jeder Mensch hat in Verfahren vor Gerichts- und Verwaltungsinstanzen Anspruch auf gleiche und gerechte Behandlung sowie auf Beurteilung innerhalb einer angemessenen Frist.

Artikel 16 [Verwirklichung der Grundrechte]

(1) Die Grundrechte müssen in der gesamten Rechtsordnung zur Geltung kommen.

(2) Wer Grundrechte ausübt, muss die Grundrechte anderer achten.

(3) Wer öffentliche Aufgaben wahrnimmt, ist zur aktiven Verwirklichung der Grundrechte verpflichtet.

Prinzipien und Aufgaben der Europäischen Union, die sich aus den Grundrechten ergeben

Artikel 17 [Prinzipien der Europäischen Union; Widerstandsrecht]

(1) Die Europäische Union ist eine Gemeinschaft souveräner Staaten, die dem Frieden, demokratischen, rechtsstaatlichen, sozialen und föderativen Prinzipien und dem Grundsatz der Subsidiarität verpflichtet ist. Ihre vornehmste Aufgabe sieht sie in der Schaffung der rechtlichen und tatsächlichen Bedingungen dafür, dass die in dieser Charta proklamierten Grundrechte von jedem Menschen innerhalb der Union auch faktisch wahrgenommen werden können.

(2) Alle Staatsgewalt in der Europäischen Union geht von den Bürgerinnen und Bürgern aus. Sie wird in Wahlen, in Abstimmungen und durch besondere Organe der Gesetzgebung, der vollziehenden Gewalt und der Rechtsprechung ausgeübt.

(3) Die Gesetzgebung ist an die verfassungsmäßige Ordnung, die vollziehende Gewalt und die unabhängige Rechtsprechung sind an Gesetz und Recht gebunden.

(4) Gegen jeden, der es unternimmt, die freiheitliche, demokratische und soziale Grundrechtsordnung zu beseitigen, haben alle Menschen innerhalb der Union das Recht zum Widerstand, wenn andere Abhilfe nicht möglich ist.

Artikel 18 [Subsidiarität]

(1) Die EU und ihre Mitgliedstaaten fördern das Ergreifen gesellschaftlicher Aufgaben aus freier Initiative und Verantwortung in allen Bereichen, welche der Gesetzgeber nicht aus zwingenden Gründen staatlichem Handeln vorbehält. Staatliche Aufgaben sind auf der jeweils untersten möglichen Stufe wahrzunehmen und zu regeln.

(2) Die EU und ihre Mitgliedstaaten schaffen fördernde Rahmenbedingungen, damit die Kultur sich in ihrer Vielfalt frei und selbstverwaltet entfalten kann; sie wahren den Grundsatz der staatlichen Neutralität gegenüber den verschiedenen kulturellen Bestrebungen.

(3) Die EU und ihre Mitgliedstaaten sichern den Grundsatz der vertraglichen Selbstgestaltung des Wirtschaftslebens; sie schaffen geeignete Rahmenbedingungen für eine leistungsfähige, strukturell und regional ausgewogene, sozialverantwortliche Wirtschaft. Die EU und ihre Mitgliedstaaten werden selbst nicht wirtschaftlich tätig; Ausnahmen regelt das Gesetz.

Artikel 19 [Gewährleistung sozialer Sicherheit; Sozialziele]

(1) Es ist Ziel der Gesellschaft als Ganzer sowie ihrer einzelnen Mitglieder, dass jeder Mensch innerhalb und außerhalb der Europäischen Union an der allgemeinen Entwicklung der Lebensbedingungen in angemessener Weise teilnehmen kann.

(2) Die Europäische Union und ihre Mitgliedstaaten setzen sich im Rahmen ihrer Zuständigkeit dafür ein, dass arbeitsfähige Menschen Auf-

gaben unter angemessenen Arbeitsbedingungen finden oder entsprechende Verhältnisse selbst schaffen können.

(3) Für Menschen, die keine Möglichkeit dazu haben und deshalb arbeitslos sind oder deren Arbeitsfähigkeit infolge von Krankheit, Unfall oder Invalidität nicht gegeben ist oder die aufgrund ihrer Jugend, ihrer Pflicht zur Erziehung oder Sorge für andere, ihres Alters oder aus anderen gesellschaftlichen Gründen von der Arbeit freigestellt sind, stellen die EU bzw. ihre Mitgliedstaaten den notwendigen Lebensunterhalt rechtlich sicher; dieser bemisst sich anhand gesellschaftlicher Vergleichbarkeit. Ebenso schaffen sie Rahmenbedingungen für eine menschenwürdige medizinische Betreuung und Versorgung.

(4) Im Mittelpunkt der rechtlichen Gewährleistungspflicht der sozialen Sicherheit stehen unabhängig verwaltete sozialpartnerschaftliche Lösungen oder solche gesellschaftlicher Solidarität. Private Initiative und Verantwortung können ergänzend in die Sicherstellung einbezogen werden. Private Vorsorgeformen befreien dagegen nicht von zumutbaren Beiträgen an allgemeine soziale Sicherungseinrichtungen.

(5) In Ergänzung zu diesen Formen sozialer Sicherheit kann der Staat auch materielle Beiträge leisten; diese bedürfen einer gesetzlichen Grundlage und richten sich nach den verfügbaren Mitteln.

(6) Wissenschaftsfreiheit, Methodenpluralismus, Therapiefreiheit und die Selbstbestimmung des Patienten einschließlich freier Wahl von Arzt und Krankenhaus sind generell wie auch innerhalb solidarischer Finanzierungsformen zu gewährleisten.

Artikel 20 [Umweltschutz; Grundsatz der Nachhaltigkeit; Achtung des Lebens]

(1) Die EU und ihre Mitgliedstaaten gewährleisten den Schutz des Menschen und seiner natürlichen Umwelt vor schädlichen Einwirkungen. Die Kosten der Vermeidung solcher Einwirkungen trägt der Verursacher.

(2) Die EU und ihre Mitgliedstaaten sind dem Grundsatz der Nachhaltigkeit verpflichtet. Sie regeln die Verfügbarkeit über die nicht vermehrbaren Güter, wie Boden, Wasser, Luft und Rohstoffe, derart, dass ihr Charakter als Lebensgrundlage für die künftigen Generationen gewahrt bleibt und ein ausgewogenes Verhältnis zwischen der Beanspru-

chung der Natur und der Pflege ihrer Artenvielfalt und Erneuerungsfähigkeit entsteht.

(3) Die EU und ihre Mitgliedstaaten sind der Achtung des Lebens verpflichtet. Sie gewährleisten insbesondere den Schutz der Tiere als Mitgeschöpfe des Menschen.

Artikel 21 [Erfüllung öffentlicher Aufgaben]

(1) Die staatlichen Organe der EU und ihrer Mitgliedstaaten erfüllen ihre Aufgaben in Verwirklichung der Grundrechte und Sozialziele bürgerfreundlich, sachgemäß und wirtschaftlich.

(2) Die EU, ihre Mitgliedstaaten sowie die nichtstaatlichen Organisationen, welche öffentliche Aufgaben erfüllen, schöpfen alle geeigneten Möglichkeiten und Formen der Zusammenarbeit aus, insbesondere die regionale und sozialpartnerschaftliche. Sie stärken dabei die Selbstverantwortungs- und Selbstverwaltungskräfte der betroffenen Menschen.

(3) Aufgaben sind regelmäßig daraufhin zu überprüfen, ob sie notwendig sind und die Art ihrer Erfüllung zweckmäßig ist. Durchführungsqualität und Wirtschaftlichkeit sind laufend zu evaluieren und, wo nötig, zu verbessern.

(4) Die EU und ihre Mitgliedstaaten sorgen in ihrem Zuständigkeitsbereich für eine umfassende, aufeinander abgestimmte Aufgaben- und Finanzplanung; sie geben Rechenschaft über deren Umsetzung und erstellen eine Sozialbilanz.

Artikel 22 [Völkerrecht und EU-Recht]

(Auf eine Formulierung wurde verzichtet.)

Übergangs- und Schlussbestimmungen

(1) Die EU und ihre Mitgliedstaaten unterstellen die Grundrechtscharta einem Referendum ihrer Bürgerinnen und Bürger.

(2) Die EU erklärt ihre Absicht, bis spätestens im Jahre 2005 der Europäischen Menschenrechtskonvention beizutreten.

(Stand März 2000)

Adressen

Aktion mündige Schule e.V.
Zur Anhöhe 23 · 24983 Handewitt · Tel. 04608 – 970158 · Fax – 970158

Aktion mündige Schule Niedersachsen
Vörierstr. 4 · 30952 Ronnenberg · Tel. 05109 – 524157 · Fax – 524158

Bund der Freien Waldorfschulen
Heidehofstr. 32 · 70184 Stuttgart · Tel. 0711 – 210420 · Fax – 2104219

Bundesverband der Freien Alternativschulen
In den Orthöfen 6 · 45770 Marl · Tel. 02365 – 2955170 · Fax – 2955171

Arbeitsgemeinschaft Freier Schulen
c/o Stephan May · Mittelweg 147 · 20148 Hamburg · Tel. 040 – 441525 · Fax – 459256

Europäisches Forum für Freiheit im Bildungswesen (EFFE)
Annener Berg 15 · 58454 Witten-Annen · Tel. 02302 – 699442 · Fax – 699443

Freie Waldorfschulen:

Freie Waldorfschule Eckernförde
Schleswiger Straße 112 · 24340 Eckernförde · Tel. 04351 – 84317 · Fax – 87218

Freie Waldorfschule Elmshorn
Adenauerdamm 2 · 25337 Elmshorn · Tel. 04121 – 47750 · Fax – 477520

Freie Waldorfschule Flensburg
Valentiner Allee 1 · 24941 Flensburg · Tel. 0461 – 903250 · Fax – 9032525

Freie Waldorfschule Itzehoe
Am Kählerhof 4 · 25524 Itzehoe · Tel. 04821 – 89860 · Fax – 898612

Freie Waldorfschule Kaltenkirchen
Oersdorfer Weg 2 · 24568 Kaltenkirchen · Tel. 04191 – 93010 · Fax – 930137

Freie Waldorfschule Kiel
Rudolf-Steiner-Weg 2 · 24109 Kiel · Tel. 0431 – 53090 · Fax – 5309151

Freie Waldorfschule Lensahn
Am Mühlenholz 5 · 23738 Lensahn · Tel. 04363 – 1641 · Fax – 91070

Freie Waldorfschule Lübeck
Dieselstraße 18 · 23566 Lübeck · Tel. 0451 – 601061 · Fax – 606333

Freie Waldorfschule Neumünster
Schwabenstraße 1 · 24539 Neumünster · Tel. 04321 – 72772 · Fax – 77438

Freie Waldorfschule Rendsburg
Nobiskrüger Allee 75/77 · 24768 Rendsburg · Tel. 04331 – 5071 · Fax – 29690

Heilpädagogische Schulen:

Haus Arild
Lübecker Straße 3 · 23847 Bliesdorf · Tel. 04501 – 18912 · Fax – 18924

Kinder- und Jugendheim Friedrichshulde
Lindenallee 96 · 22869 Schenefeld · Tel. 040 – 8305651 · Fax – 8304072

Rudolf-Steiner-Schule
Rendsburger Landstraße 129 · 24113 Kiel · Tel. 0431 – 649540 · Fax – 6495424

Schulen in freier Trägerschaft:

Schülerschule Schenefeld
Blankeneser Chaussee 5 · 22869 Schenefeld · Tel. 040 – 8301078 · Fax – 8302933

Stiftung Louisenlund
24357 Güby · Tel. 04354 – 999401 · Fax – 999783

Waldorflehrerseminar
Rudolf-Steiner-Weg 2 · 24109 Kiel · Tel. 0431 – 5309130 · Fax – 5309131